大学生职业生涯规划与就业指导研究

徐滨昕 ◎ 著

中国商业出版社

图书在版编目（CIP）数据

大学生职业生涯规划与就业指导研究 / 徐滨昕著
. -- 北京：中国商业出版社, 2022.11
ISBN 978-7-5208-2210-7

Ⅰ. ①大… Ⅱ. ①徐… Ⅲ. ①大学生－职业选择－研究 Ⅳ. ①G647.38

中国版本图书馆CIP数据核字(2022)第217090号

责任编辑：陈　皓
策划编辑：常　松

中国商业出版社出版发行
（www.zgsycb.com 100053 北京广安门内报国寺1号）
总编室：010-63180647 编辑室：010-83114579
发行部：010-83120835/8286
新华书店经销
定州启航印刷有限公司印刷
*
710 毫米 × 1000 毫米 16 开 12.25 印张 210 千字
2022 年 11 月第 1 版 2023 年 2 月第 1 次印刷
定价：78.00 元
* * * *
（如有印装质量问题可更换）

前言

随着高等院校的扩大招生政策的实施，大学毕业生人数大幅度增加，2021届高校毕业生人数为909万人，2022届高校毕业生总规模是1076万人，同比增加了167万人，高校毕业生就业形势十分严峻。因此，不断提高大学生的综合能力、职业竞争力是非常重要的。大学生只有在一定的职业生涯规划教育和就业指导下，才能更好地发展自己。

本书共分为八章，针对大学生职业生涯规划与就业指导进行了详细的分析与研究，并以汽修专业大学生为例进一步对大学生职业生涯规划与就业指导中的问题进行了探讨，有助于强化大学生以及高等院校对职业生涯规划与就业指导教育的重视。

本书的具体内容如下。第一章为职业生涯规划宏观厘定，分别从职业生涯规划的一般认识、职业生涯规划的基本理论、职业生涯规划的自我认知以及职业生涯规划与人生发展四个方面进行了逐一分析，以进一步加深读者对职业生涯规划的认识与理解。第二章为职业生涯规划的制定，其内容主要包括职业生涯规划制定原则、职业生涯规划制定步骤、职业生涯规划书的撰写。第三章为大学生职业生涯规划教育构想，包括大学生职业生涯规划教育体系构建、大学生职业生涯规划教育服务机制、完善大学生职业生涯规划教育对策三个部分的内容。第四章为大学生就业指导与就业形势，内容包括大学生就业指导的相关理论、大学生就业指导的历史沿革、大学生就业形势分析。第五章为大学生就业准备与求职技巧，内容主要包括知识与能力准备、就业信息的收集、求职材料的准备、面试与笔试技巧。第六章为大学生就业心理危机及干预，包括大学生就业心理危机相关理论、大学生就业常见心理危机表现、大学生就业心理危机干预策略三个部分的内容。第七章为大学生就业指导体系构建，内容包括大学生就业指导体系构建依据、大学生就业指导体系构建原则与目标、大学生就业指导体系构建路径。第八章为汽修专业大学生职业生涯规划与就业指导（以汽修专业为例），内容主要包括汽修专业大学生职业生涯规划与就业指导的特点及意义、汽修专业大学生职业生涯规划与就业指导的问题及原因、汽修专业大学生职业生涯规划教育与就业指导的路径。

在本书的编写过程中得到了很多专家、学者的帮助，在此表示感谢。由于笔者水平有限，书稿内容难免存在一定的不足，希望广大读者多提宝贵意见，以便笔者不断改进和完善。

目录

第一章　职业生涯规划宏观厘定

第一节　职业生涯规划的一般认识

一、职业与职业生涯认识

（一）职业概述

《现代汉语词典》（第 7 版）对“职业”的解释是“个人在社会中所从事的作为主要生活来源的工作”。比较专业的定义为：职业是指人们在社会生活中所从事的将获得物质报酬作为自己主要生活来源，并能满足自己精神需求的、在社会分工中具有专门技能的工作，是对特征相同或相似的一类工作的统称，也可以简单理解为一个人赖以生存和发展的社会劳动岗位。职业不同于工作，它更多的是指一种事业。

对于大多数大学生来说，职业是一个“万花筒”，他们对职业有一点了解，但却是片面的。有的人认为，职业就是“某一种工作”，如医生、教师、律师等；有的人认为，职业是一种生活来源；有的人认为，职业是一种“专业类别”或是一种“等级身份”。对于职业，大学生了解得并不全面，且对职业的各种认识主要来自我国的社会以及家庭教育。

对于职业，一般可以从两个角度来认识。从社会学的角度来看，职业是一种社会现象，是指人们为了谋生和发展而从事相对稳定的、有收入的、专门类型的社会劳动。随着人类社会的不断进步和发展，特别是社会分工越来越细，新兴职业层出不穷，但也有一些职业伴随时代的变迁逐渐退出人类社会。从个人角度而言，职业是个人扮演的一系列工作的角色。对大学生而言，第一次就业意味着要从学生角色转换到职场人的角色。同时，对于初次就业的大学生而言，就业也是解决个人生存的一种手段，是大学生独立的表现。

因此，可以认为，职业是指有劳动能力的人通过发挥自己的能力和专长而从事的相对稳定、有经济收入、特定类别的社会劳动，与其未来的谋生和发展息息相关。它包括三层含义：首先，从事职业的目的是谋生和发展，所以大学生在择业时不仅要考虑薪金的多少，还要考虑将来的发展；其次，因为选择职业时要用到自己的专业特长，所以大学生为了找到更好的职业必须要有一定的专业知识、技术与能力，只有这样才能在日益激烈的人才市场上拥有竞争力；最后，职业是相对稳定的而不是绝对稳定的，且有特定的类别，这就要求大学生择业时一定要选准与自己能力、兴趣和价值观相匹配的职业类型，最好在第一次就业时就选准，或者在工作前期通过转岗和换工作等行为进行自我调整，直至最终找准自己的职业定位。

（二）职业生涯概述

人们从出生开始就扮演着孩童、学生、劳动者、父母等各个阶段的多种社会角色，这些角色的组合成就了每个人不同的生活方式，这样的发展历程就构成了“生涯”。职业生涯主要是指一个人一生在职业岗位上所度过的、与工作活动相关的连续经历。职业生涯是一个动态的发展过程，它反映了职业选择、职位变动，以及个人职业理想得以实现的整个过程。在这个过程中，个人逐渐决定了自己的人生价值，并不断地追求自我，实现人生目标，因此职业生涯是人一生中最重要的历程。

职业生涯可分为内职业生涯和外职业生涯，这样分类有助于实现职业生涯的发展目标。内职业生涯是指从事一种职业时的知识、经验、能力、心理素质、内心感受等因素的组合及其变化过程，是别人无法窃取的人生财富。外职业生涯是指从事一种职业时的工作时间、地点、单位、内容、职务与职称、环境与待遇等因素的组合及其变化过程，依赖于内职业生涯的发展而变化。因此，努力提高自身内职业生涯的影响要素，并将其广泛作用于外职业生涯的发展过程中，可使个人的职业生涯沿着既定的方向顺利前行。内、外职业生涯的属性及特点见表 1-1。

表1-1　内、外职业生涯的属性及特点

分　类	属　性	特　点
内职业生涯	知识、经验、能力、心理素质、内心感受等	需要个人获取，一旦获得就不容易丧失
外职业生涯	工作时间、地点、单位、内容、职务等	需要别人认同、给予，也容易被他人否定、剥夺

如果用一棵树来比喻职业生涯，树干、树冠、树叶、果实等就像外职业生涯，它们显而易见，谁都希望自己的职业生涯之树枝繁叶茂、硕果累累。但这样一棵参天大树不是凭空长成的，它地下的庞大根系给了它强有力的支撑，为它的成长提供了所需的营养，而树根就像内职业生涯。通过对自然界中植物的研究发现，环境越是恶劣，土壤越是贫瘠，植物就越需要庞大的根系。在肥沃的土壤里，树根与树冠的比例约为1：1；在贫瘠的土壤中，树根与树冠的比例可达到3：1；在沙漠地带，树根与树冠的比例甚至会达到5：1。这是大自然的规律，也是大自然的智慧。树木生长时先生出树根，之后才能形成树干、树冠，而树干、树冠的成长又促使树根向更广、更深处延伸。树根与树干、树冠的作用相辅相成，内、外职业生涯之间的关系也是如此。

二、职业生涯规划的内涵

（一）职业生涯规划概念

职业生涯规划又称职业生涯设计，当今世界普遍认为是著名管理学家诺斯威尔第一个提出这个概念的。他认为，职业生涯设计就是个人结合自身情况及眼前制约因素，为自己实现职业目标而确定的行动方向、行动时间和行动方案。尽管之后其他学者对职业生涯规划的概念有不同的理解，但各种理解上的差异并不能影响职业生涯规划在人们观念中的共识。应该说，诺斯威尔的定义从一开始就为职业生涯规划定下了基调，具有典型意义。

对职业生涯规划概念的认识应着重把握以下三点。

1.职业生涯规划分为认知、设计和行动

职业生涯规划是一种复合化的行为过程。认知包括对自身的人生理想、职业价值观、兴趣爱好、个性特征、能力状况等主体方面的认知，也包括对家庭条件、社会环境、职业分类、工作性质的认知，还包括对职业生涯规划理论和方法的认知。设计是指个体根据认知，有针对性地为自己树立职业目标、制订实施方案、确定阶段任务。行动则是将设计的内容付诸实施。三者环环相扣，浑然一体。

2. 职业生涯规划以职业实现和职业维持为中心

职业生涯规划以职业实现和职业维持为中心，同时包含对性情培养、家庭角色扮演、生活方式和状态等非职业因素的规划。对于大多数人而言，职业是自身物质生活来源的基础，也是心理塑造的重要因素，正因如此，职业生涯规划才会成为一个独立的研究主题，甚至在某种意义上，职业生涯规划可以等同于生涯规划。所以，职业生涯规划的核心是找到适合自己的理想职业，并长久发展。但是职业的实现和职业的维持不是孤立的，它们需要其他方面做支撑。比如，家庭的建立往往有助于职业因素更大地发挥作用，家庭的建立形态等也会影响着个人职业的选择，同时家庭的建立还影响着职业结束后个体的归属。所以，职业生涯规划是关于个人生涯较全面的规划过程。

3. 职业生涯规划深受客观条件的影响，具有框架性

第一，职业生涯规划属于社会科学，本身无法做到像自然科学那样严谨、精确。第二，职业生涯规划的调整是主体与客观因素的相互适应，但客观上的因素是无法完全预料的。职业生涯规划所能做到的是根据既有的因素去安排路线和行动，在客观因素变化时，能运用合理的方法去应对。如果没有这些准备，个体将漫无方向，在面对新问题时，也很难找到合理的方法去解决。所以职业生涯规划为个体的发展提供的并非如建筑图纸那样细致无缺的方案，它提供的是让个体合理有序发展的框架。

（二）职业生涯规划特点

1. 鲜明的阶段性和时代特征

生涯规划是一个发展的概念，是一个动态的过程。大学生职业生涯规划是大学阶段的一个对于职业认知、外部环境、自身未来发展策略的积极的尝试和探索。大学生在进行职业生涯规划的过程中要根据自身在各学期、各阶段的情况特点，合理安排实施不同的阶段计划。职业和行业具有鲜明的时代特征，不同的时代会赋予人们不同的择业价值观和外部择业环境，任何职业都会被打上时代的烙印。大学校园生活使大学生与社会接触的机会较少，对社会、职业的

认知还仅仅停留在“理想化”的状态，这些因素的共同作用最终决定了大学生职业生涯规划具有鲜明的阶段性和时代特征。①

2. 连续性

能否可持续发展是评判一项设计和规划的重要指标，职业生涯规划也是这样。人是与职业相生相伴的，职业也是维系人和社会联系的纽带。大学阶段是大学生择业的准备期，其对未来职业的规划和探索应该贯穿于整个学习阶段。而职业生涯规划的连续性能有效地保证大学生与未来所从事职业的对接。学校评价人的方式、标准和方法与社会评价人的标准具有巨大差异，这往往导致许多在学校表现出众的大学生在步入社会之后却四处碰壁。这两种评价机制的差异会给初次就业的大学生带来冲击，使其迷茫无措。职业生涯规划的连续性可以很好地弥补学校评价和社会评价的错位与断层，进而帮助大学生实现从学生到职场人的平稳过渡。

3. 差异性

大学生在家庭环境、教育背景以及经济条件等方面存在一定的差异，这些差异最终会影响大学生对自己未来职业的规划与实践，并表现出不同的规划特点和择业行为。这些差异性还表现在专业、年级、性别等方面，具体如下。

在职业目标设定和专业准备方面，文科和理工科大学生存在显著的差异，具体表现为理工科学生的职业目标较文科学生清晰明确。

性别和年级方面也存在着明显的差异，具体表现为男同学对未来规划方案的设计、对外部职业环境的探索意识和准备情况要明显优于同年级、同专业的女同学，高年级同学的职业生涯规划意识、知识储备和实践要明显优于同专业的低年级同学。

另外，大学生职业生涯规划的意识、能力、水平也存在地域性的差异。

4. 倾向性

择业观是影响就业、乐业的关键性因素之一。过度追求实用主义的价值取向会使大学生在职业生涯设计时表现出明显的功利倾向。一般表现为经济因素考虑较多，理想、兴趣考虑少。如果个体认清了所选择的职业的全部内容，了解到从事该职业的困难之后，仍然对其充满热情，那么就应该选择这个职业。而目前有很大一部分大学生的职业价值取向表现出明显的功利倾向，这不仅会

① 马胜羽．大学生职业生涯规划的困境与出路研究[D]. 哈尔滨：黑龙江科技大学，2013.

大大降低他们就业的成功率，而且会影响到他们未来的职业发展。

5. 理想性

大学前的家庭教育和学校教育对职业教育的态度多是忽视的，这导致了很多大学生在入学后缺乏对所学专业和未来从事职业的认识和了解。同时，家庭无私的供养也使一些大学生缺乏从业危机感，对于未来职业目标的设定过于理想化。

（三）职业生涯规划的类型

职业生涯规划的类型按照时间的长短来分，可分为人生规划、长期规划、中期规划与短期规划四种类型。

1. 人生规划

人生规划指整个职业生涯的规划，时间长至 40 年左右，设定整个人生的发展目标，如规划成为一个有一定资产的公司董事。

2. 长期规划

长期规划指 5 ～ 10 年的规划，主要设定较长远的目标，如规划 30 岁时成为一家中型公司的部门经理、规划 40 岁时成为一家大型公司的副总经理等。

3. 中期规划

中期规划一般为 2 ～ 5 年内的目标与任务，如规划成为部门经理。

4. 短期规划

短期规划指 2 年以内的规划，主要是确定近期目标，规划近期完成的任务，任务可以是对专业知识的学习，如 2 年内掌握哪些业务知识。

在实际的操作过程中，规划的年限如果太长，就容易因为个人和环境的变化而变得难以准确把握；如果规划的年限太短，规划的意义和作用就难以体现。因此，比较理想的职业规划是中期规划，其次是长期规划，这样既便于根据实际情况设定可行的目标，又便于根据实际情况的反馈进行修正和调整。

三、职业生涯规划影响因素及意义

（一）职业生涯规划的影响因素

《孙子兵法 · 谋攻篇》中说：“知彼知己，百战不殆；不知彼而知己，一胜一负；不知彼，不知己，每战必殆。”影响大学生“乐业”与否的，既有其自身主观方面的因素，也有客观方面的原因。因此，大学生要想科学地进行职业生涯规划，就必须“知彼知己”，深入地了解职业生涯规划的影响因素，这有助于大学生为自己制定科学的职业生涯规划，实现职业理想，并为最终实现“人职匹配”奠定坚实的基础。下面从大学生自身因素、外部环境因素和职业生涯规划教育实效性三个方面来总结和概括大学生职业生涯规划的影响因素。

1. 大学生自身因素

大学生的自身因素主要指大学生自身特有的人格特质因素，如性格、兴趣、能力以及价值观等。大学生自身特质因素是职业生涯规划的主要影响因素之一。被人们普遍认可和接受的“人职匹配”理论就是以了解自身兴趣、特长等主客观因素为基础的。

（1）大学生择业观对职业生涯规划的影响。大学生择业观的客观与否直接关系到未来是否实现就业以及工作后的幸福指数。现阶段，有一些大学生有着切合实际、职业定位明确、注重个人价值实现的择业观，但也有一些大学生有着择业期望过高、功利主义倾向突出、投机心理强烈的择业观。分析其中原因，既有对个人的认知不足和对社会缺乏正确且全面的认识的因素，又有家庭因素、传统就业观念和泛化的“先就业再择业”观念的影响。

（2）大学生的个人性格对职业生涯规划的影响。性格影响着一个人的价值观、行为方式和职业，也就是人们常说的“性格决定命运”。大学生的个人性格对其职业生涯规划的影响也是非常大的。大学生的性格类型与职业之间的相关性主要表现为大学生的性格特质影响职业选择。一般情况下，个人选择职业时会从自身性格考虑，而长期从事某种固定的职业又会对其性格产生影响。不同的性格类型也或多或少地会打上其所从事职业的烙印，与此同时，职业性格也会表现出多样性。

（3）大学生的个人兴趣对职业生涯规划的影响。兴趣是个体对人或事物表现出愉悦参与和了解的心理倾向。研究结果表明，个体对某种职业产生兴趣后就会在相关的职业活动和实践中表现出积极、肯定的态度，也会以极大的动力乐此不疲地探索和追求这个自己感兴趣的职业。职业兴趣造就了职业成就。因此，大学生的个人兴趣对于职业生涯规划的影响作用巨大。

（4）大学生的个人综合素质和能力对职业生涯规划的影响。大学生的综合素质和能力直接影响到其择业的成败和从业的成就感。大学生在就业入职之后，其综合素质和能力能否和所从事的职业相互匹配，将直接影响其职业生涯的成就感。大学阶段是学习的黄金时期，也是自身素质和能力提升的关键期，在此时期，学生有较强的可塑性与较大的提升空间。

2. 外部环境因素

作为社会成员的个体离不开社会这个大环境。社会环境是个体生存和发展的基础。大学生职业生涯规划的过程也是认识、了解社会环境的过程。大学生只有对目标职业、行业的要求和发展趋势有了深入的了解，才能有的放矢地通过学习和实践来提升自己的职业能力和素养。此外，经济、文化因素的发展变化都会影响大学生的职业生涯规划。

（1）薪酬待遇等经济因素对职业生涯规划的影响。随着我国市场经济的不断发展和深入，经济对人们的职业规划影响非常大。经济发达地区是人们求职的热点，是职业种类和数量的聚集港。经济大发展需要吸纳大量的人才，也相应地能提供大量的就业机会。经济发达地区薪酬高，就业机会多，也就自然会成为大学生的首选地点，这样就形成了聚集效应。现如今，以薪酬和地域论成败的择业观对大学生职业生涯规划的影响非常大，一些大学生在择业时往往会忽视自身的兴趣、爱好、特长而片面追求高收入和经济发达城市。这会影响其职业生涯规划的科学性，会造成就业后工作压力大、工作无动力、乐趣少等问题，大大降低其工作的幸福指数，对其身心健康和今后的发展埋下很大的隐患。

（2）学校、家庭和社会文化环境因素对职业生涯规划的影响。学生迈入大学阶段之前，绝大部分时间是在学校和家庭中度过的。学校和家庭有着什么样的教育环境，对学生采取什么样的教育方式、开展什么样的教育，对其价值观、行为方式、知识储备、职业生涯规划意识和能力等诸多方面的影响都非常大。学生置身于校园环境之中，每天所见、所闻、所感、所做无不与校园风气和环境相关。积极向上的校园氛围会激励学生奋发向上，丰富多彩的课堂活动则会让学生较好地接受专业知识，并有效引导学生成人、成才。

家庭方面，父母的职业、受教育程度、价值观以及家庭的经济收入等因素都会潜移默化地影响大学生的职业生涯规划。

社会文化因素会影响社会的主流价值观，这种主流价值观又会在大学生职业生涯规划中加以体现。社会风尚具有一定的导向性，这种导向性会直接影响个人的择业观，进而影响个人整个的职业生涯规划，如“文凭热”“公务员热”等社会现象均在很大程度上反映出了社会文化环境的导向性。

3. 职业生涯规划教育实效性

学校开展的教育活动仍是目前社会开展职业生涯规划教育的主要形式，而教学活动的实效性将直接影响大学生职业生涯设计的开展。国家和教育机构对职业生涯规划工作的重视程度、经费投入、师资队伍建设、教材编写、教学与指导的方法与途径等方面都会影响到职业生涯规划教育的实效性，也会体现在大学生开展职业生涯规划活动的思想和行为上。笔者在几年来的职业生涯规划课教学实践中发现，很多同学对于职业生涯规划的重要性认识不够，对职业生涯规划的程序、步骤、方法模糊不清，心态较为浮躁。这些问题也从侧面反映出当前职业生涯规划教育实效性不强的问题。

（二）职业生涯规划的意义

职业生涯规划对于大学生的成长、高等教育的发展、国家发展和社会稳定等方面都有重要意义，具体表现在以下方面。

1.职业生涯规划对大学生成长的意义

生涯设计对于大学生科学规划自己未来从事的职业和行业，抓住大学阶段这一职业准备黄金时期，合理安排大学时间，科学规划职业发展方向，并为之努力奋斗具有重要意义。在当今这个市场竞争激烈和人才济济的时代，如果能做好职业前期准备，待到就业之时就会达到水到渠成的效果。科学的职业生涯规划可以帮助大学生选择自己真正喜欢且擅长的职业，并在这一职业中实现自己的价值；同时还可以帮助大学生认清自己的个人特质，并对自己的优劣势进行科学分析，找到理想和现实的差距，制定切合实际的职业目标，为自己的规划努力奋斗。大学生职业生涯规划还能有效地对大学生起到内在的激励作用。阶段目标完成后获得的成就感可以进一步增强大学生学习、实践和职业探索的动力，并不断激励大学生向既定的目标进取。大学生职业生涯规划有助于大学生实现理想的人生。

2.职业生涯规划对高等教育发展的意义

对于高校而言，为社会培养人才是高等院校的根本任务。对学生进行职业生涯规划教育的过程是教学内容和方式方法改革创新的过程，也是高校摆脱发展和育人困局的过程。在此过程中，高校能实现高等教育大发展、大繁荣的战略。

大学生职业生涯规划教育是高等教育成效的试金石。培养对社会和国家有益、对个体发展有益的人才是高等教育的目标。高校毕业生的顺利就业并乐业是检验这一目标的有效方式。

大学生职业生涯规划是思想政治教育的有效载体。大学生职业生涯规划教育可以帮助高校有效地开展理想信念教育，借助职业生涯规划这一载体，可以有效地增强高校思想政治教育的实效性。

3. 职业生涯规划对国家发展和社会稳定的意义

综观当今世界，各国都十分关心就业问题。可以说就业问题关系到国家的发展和社会的稳定。人民安居乐业则国泰民安，社会繁荣；反之，则会产生很多动荡因素，严重影响社会的稳定。所以，安居乐业是社会稳定的前提，而职业生涯规划是安居乐业的有效途径。职业生涯规划能够有效调动人们工作的积极性。

广大高校毕业生是时代的宠儿，未来将走向社会的各个行业。优秀的莘莘学子是推动社会发展的主力军，对这部分人群开展卓有成效的职业生涯规划教育，从整体上讲有利于国家的发展进步和社会的繁荣稳定。

第二节　职业生涯规划的基本理论

一、职业选择理论

职业选择指人们从职业期望、职业理想出发，依据自身的兴趣、能力、特点等，从社会现有职业中选择一种适合自己的职业的过程。很多心理学家和职业指导专家对职业选择问题进行过专门研究，提出了相应的理论，其中最有代表性的就是人职匹配理论。人职匹配理论是现代人才测评的理论基础。人职匹配理论的基本内涵是不同个体有不同的特征，而每一种职业由于其工作性质、工作环境、工作条件、工作方式不同，对工作者的能力、知识、技能、性格、气质、心理素质等也有不同的要求，所以个体在进行职业决策时，应选择与自己的个性特征相适应的职业。

（一）人业互择理论

人业互择理论是美国约翰·霍普金斯大学心理学教授、职业指导专家约翰·霍兰德于20世纪60年代提出的。其基本思想包括：职业选择是个人人格（包括价值观、动机和需要等）的反映和延伸；人格是决定一个人选择何种职业的重要因素；个人在适合自己人格的职业环境中可以充分施展才华和能力，表达态度和价值观，并且能够完成使命。该理论的实质在于择业者的人格特点要与其选择从事的职业类型相适应。

大多数人的人格可以大致分为六种类型：现实型（realistic type，简称 R）、研究型（investigative type，简称 I）、艺术型（artistic type，简称 A）、社会型（social type，简称 S）、企业型（enterprising type，简称 E）、常规型（conventional type，简称 C）。这六种类型各自具有特点，同时也存在一定的关系，可以按照一个固定的顺序将其排列成一个六边形，如图 1-1 所示。一般来说，人们的兴趣特征是由两种至三种人格属性类型按照不同比例组合而成的。

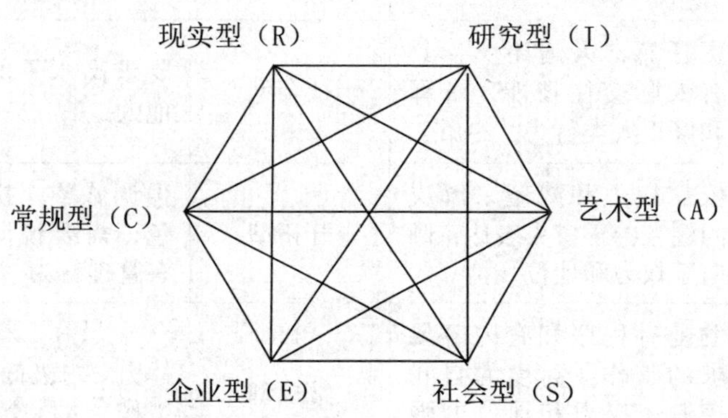

图 1-1　霍兰德人格属性类型分类图

相应地，职业也分为六种类型：现实型、研究型、艺术型、社会型、企业型、常规型。如表 1-2 所示。

表1-2　霍兰德人业互择理论

人格类型	表现特征	职业类型	表现特征
现实型（R）	攻击性；机械呆板倾向；借助手势表达问题，不善言辞；缺乏社交能力；动手能力强，动作协调	现实型	喜欢明确的、具体的、需要体力的任务，做事果断，较低的人际关系要求
研究型（I）	思考问题透彻，讲究科学性，有创造力，简明扼要	调查研究型	要求思考和创造性，思考任务倾向，喜欢创造性活动和实验工作

续表

人格类型	表现特征	职业类型	表现特征
艺术型（A）	成就感，害羞，彻底性、独创性，不合群，不喜欢有程序和要求高的任务，情绪性	艺术型	解释和修正人类行为，对于优异有模糊的标准，喜欢埋头苦干和单独工作
社会型（S）	责任感，人道主义，具有人际交往技能，解释和修正人类行为	社会型	要求高水平的沟通，帮助他人
企业型（E）	依靠权力和威望来解决问题，善于口头表达，倾向于权力和地位	开拓型	强调威望，扮演督察性角色，需要说服他人，需要有管理行为
常规型（C）	偏爱有程序和有内容要求的工作，高度的自我控制，权力和地位的强烈认同	常规型	体力要求极低，喜欢室内的工作，人际交往需求较低

霍兰德将其职业人格类型理论运用于美国劳工部制定的职业条目词典，借助其中职业分析的有关内容，将其中 12099 种职业赋予霍兰德人格类型代码，于 1982 年编纂了霍兰德职业兴趣代码词典，为各类人员按照自己的职业兴趣类型搜寻合适的职业提供了广泛的应用前景，因而其个性类型与职业类型的划分是具有一定的科学性和可行性的。但是，霍兰德把众多的职业只划分为六种类型，最终确定的是与部分人个性一致的职业类型或职业群，而每种职业类型和职业群又包括一系列具体职业。同时，根据六边形模型，一个人不仅可以选择与其个性类型相协调的职业，还能适应与其个性类型次协调的两种职业，这就进一步扩大了个体的职业选择范围。职业选择的范围太大，就可能会模糊其选择职业的方向。因而，从这一角度来看，霍兰德的职业类型分类及测定工具只能作为职业生涯规划和人才挑选的初步依据。

（二）特质因素理论

美国波士顿大学教授弗兰克·帕森斯提出的特质因素理论又称人职匹配理论，是最早的职业辅导理论。1909 年，帕森斯在其《选择一个职业》中提出，人与职业相匹配是职业选择的关键。他认为，每个人都有自己独特的人格模式，每种人格模式都有与其相适应的职业类型。所谓“特质”，就是指个人的人格特征，包括性格、兴趣、价值观等，这些特征都可以通过心理测量工具来加以评量；而所谓的“因素”，则是指在工作上取得成功要具备的条件或资格，这些因素是可以通过对工作的分析而了解的。

1. 人与职业匹配的类型

（1）因素匹配（职业匹配人）。需要专门技术和专业知识的职业与掌握该种技能和专业知识的求职者相匹配。例如，脏、累、苦等劳动条件很差的职业需要吃苦耐劳、体格健壮的求职者。

（2）特质匹配（人匹配职业）。例如，具有敏感性、易动感情、不守常规、个性强、理想主义等特质的人适合从事审美性、注重自我情感表达的艺术创作类型的职业。

2. 帕森斯职业选择的步骤

（1）对求职者的生理和心理特点（特质）进行评价。可以借助成就测验、能力测验和人格测验等测评手段，了解求职者的价值观、能力倾向、兴趣爱好、气质与性格等，通过面谈、调查等方法进一步获得求职者的身体状况、家庭背景、学业成绩、工作经历等情况，并对这些资料进行评价。

（2）分析各种职业对人的要求（因素）。分析各种职业对人的要求（因素），并向求职者提供有关的职业信息，包括职业性质、工资待遇、工作条件、晋升的可能性，以及求职的标准、就业机会等。

（3）人职匹配，即整合个人和工作领域的信息，这是特质因素理论的核心。指导人员在了解了求职者的特质和职业的各项因素的基础上，帮助求职者进行比较分析，以便选择一种适合其个人特点、易于获得且能取得成功的职业。职业选择理论的理论基础强调人的个体差异，差异心理学和心理测验的产生和发展为职业选择理论及其实际应用提供了有利条件。同时，这一方法符合职业生涯规划的逻辑和一般过程，也易于操作和实施。所以，这种职业选择方法自产生起就一直被人们广泛接受和采用，并不断发展和完善。但是，人们所获得的工作要求信息往往是不全面的，而且该理论所依赖的技术基础——心理测验也不能保证绝对准确，这些误差的存在可能会导致人们做出不恰当的职业选择决策。而且，该理论试图找到个体特性与职业要求之间的一一对应关系，没有充分考虑到个体特性中的可变因素，也没考虑到工作要求会随时间的改变而发生变化，所以这种过于静态的观点与现代社会的职业变动是不相适应的。同时，职业选择理论把职业选择看作个体单向的选择过程，也忽视了社会因素对它的影响和制约作用。

（三）职业锚理论

职业锚理论由美国职业指导专家埃德加·H. 施恩提出。锚是固定、稳定船的工具，锚被抛下后，沉入海底，就可以稳住船，使船不容易漂走。职业锚是用锚的作用形象地回答个人在事业发展中的职业定位问题。施恩认为，个人在工作选择和发展过程中遵循个人需要、动机和价值观，并不断进行探索，以获得的工作经验为基础，在实际工作中通过不断的自我审视，逐步明确个人的需要与价值观，明确自己的特长及今后发展的重点，在潜意识里确定自己长期稳定的职业定位，最终，其所有的工作经历、兴趣、资质等便会集合成为一个占主导地位的“职业锚”。

施恩认为，如果一个人在他的职业生涯中能确定某件事情，使他的动机、能力、价值观统一起来，并能深刻而清晰地回答三个问题，他就找到了自己的职业锚。这三个问题即：我到底想做什么？（自己的动机和需要）我到底能做什么？（自己的才能和能力）我到底为什么要做这件事？（自己的态度和价值观）

职业锚是个人选择和发展自己的职业时围绕的中心，当一个人对自己的动机、能力以及价值观有了清楚的了解，就会意识到自己的职业锚到底是什么。有学者认为，职业锚的意义很大，一个人从确立职业锚的那一刻起，其职业才真正开始转变为事业。根据施恩的观点，职业锚共分为八种类型，如表 1–3 所示。

表1–3　八种职业锚类型及其特点

职业锚类型	特　点
技术 / 职能型	强调实际技术或功能等业务工作；拒绝一般管理工作，但愿意在其技术、功能领域管理他人
管理型	追求承担一般管理性工作，且责任越大越好；具有强有力的升迁动机和价值观，以提升等级和收入作为衡量成功的标准
自主 / 独立型	最大限度地摆脱组织束缚，追求能施展个人职业能力的工作环境；追求在工作中享有人身自由，有较强的职业认同感，把工作成果与自己的努力相联系；追求自由自在的工作方式、工作习惯和生活方式，追求能施展个人才华的环境

续表

职业锚类型	特　点
安全 / 稳定型	追求长期的职业稳定和工作的保障性；在行为上，倾向于跟随组织，依照他们提出的要求行事，对组织具有较强的依赖性；个人职业生涯的开发与发展会受到限制
创业型	有强烈的创造需求和欲望；意志坚定，喜欢建立或创造属于自己的东西，并愿意为之冒险
服务型	把服务他人、帮助他人作为自己的核心价值；在选择职业和工作时，把能否实现这些价值作为首要标准
挑战型	喜欢挑战具有较高难度的问题，希望能战胜强硬的对手，克服无法克服的困难和障碍；参加工作的最大动力就是战胜各种不可能、新奇、变化和困难
生活型	试图在工作和生活之间寻找平衡，认为个人的需要、家庭的需要和职业的需要都非常重要，为了找到一个能够提供足够的弹性让他们实现这一目标的职业环境，甚至可以牺牲职业的某些方面，如晋升等

需要指出的是，大多数人的第一份职业往往不是终身职业。一个人的职业锚需要经过若干年的工作实践后才能被发现。施恩认为，人们开始寻找职业锚的平均年龄是 35 岁，找到职业锚的平均年龄是 40 岁。个人确定职业锚后，长期稳定的职业定位便会产生，事业发展的方向也逐步明朗。

二、职业发展理论

（一）金斯伯格的职业发展理论

1. 基本观点

金斯伯格是职业发展理论的先驱，1951 年其专著《职业选择》问世，在这本书中他提出了职业发展理论的基本观点。

（1）职业选择是一个发展的过程。它不是一个单一的决定，而是一个在一段时间里做出的一系列决定。在这个过程中，每一个步骤与前后的步骤之间都有着某种有意义的联系。

（2）这个职业选择过程大部分是不可逆转的，原因是在这个过程中做出的每一个决定都依赖于个人的年龄和发展。

（3）这个过程以一种折中的方式结束。一系列内外部因素都会影响个人的决定，一个人必须在影响择业的主要因素（兴趣能力和现实机会）之间取得平衡。

2. 发展阶段

金斯伯格把人的职业选择心理的发展分为三个主要时期，即幻想期、尝试期、现实期。在尝试期和现实期中，又进行了进一步划分。

（1）幻想期（11 岁以前）。在这一阶段，儿童对他们所看到的或接触到的各类职业工作者充满好奇，对那些引人注目、令人激动的职业会充满憧憬。这一时期个体在职业需求上呈现的特点有想法多，感情色彩浓厚，主要根据自己的兴趣决定职业理想，并不考虑自身的条件、能力水平和社会需要与机遇，处于幻想状态。

（2）尝试期（11 ～ 18 岁）。这个阶段与青春期有一定的重叠，个体生理和心理迅速发育和变化，有自己独立的意识，价值观念开始形成，知识和能力显著增强，初步懂得社会和生活经验，开始形成自己的职业兴趣，并开始思考今后的职业道路及自己所面临的任务。但是，由于长期处于学校学习状态，个体对职业选择的考虑更多还是出于自己的兴趣，难免具有一些理想主义的色彩。

金斯伯格按照年轻人考虑择业因素的顺序，把尝试期又分为四个阶段，分别为兴趣阶段（11 ～ 12 岁）、能力阶段（13 ～ 14 岁）、价值阶段（15 ～ 16 岁）和过渡阶段（17 ～ 18 岁），其中价值阶段是职业形成最重要的时期。而尝试期的最后一个阶段过渡阶段和现实期的第一阶段探索阶段给年轻人提供了重新开始选择职业的机会。随着阶段发展，个体开始从考虑非常主观的个人兴趣、能力和价值观转向不断关心现实所提供的机会和限制。

（3）现实期（18 岁以后）。在这一阶段，个体即将步入社会，能比较客观地把职业愿望或要求同主观条件、能力以及社会现实的职业需要紧密联系和协调起来，寻找适合自己的职业角色，力求达到主观因素和客观因素的统一。这一时期，个体的职业需求不再模糊不清，而是形成了具体的、现实的职业目标，表现出的最大特点是客观性、现实性、实际性。现实期又可分为以下三个阶段。

①探索阶段：根据尝试期的结果，进行各种职业探索活动，尝试各种职业机会。

②具体化阶段：根据探索阶段的经历，做进一步的选择，此时职业目标已经基本确定，并开始为之努力。

③专业化阶段：个体根据自我选择的目标，开始做详细而具体的准备。

（二）舒伯的职业发展理论

舒伯认为，可依据年龄将人生阶段与职业发展相结合，且每个阶段各有其发展任务。他将每个人的生涯发展分为成长阶段、探索阶段、确立阶段、维持阶段和衰退阶段五个阶段，每个阶段又各有其子阶段。

1. 成长阶段（0～14岁）

成长阶段属于认知阶段。在这一阶段，个人通过对家庭成员、教师、朋友的认同及与他们之间的相互作用，逐步建立起自我概念，并经历从职业好奇、幻想到感兴趣，再到有意识培养职业能力的逐步成长过程。这个阶段又可以分为以下三个时期。

（1）幻想期（0～10岁）。儿童从外界感知到许多职业，对于自己觉得好玩和感兴趣的职业充满幻想并进行模仿。

（2）兴趣期（11～12岁）。以兴趣为中心，理解、评价职业，开始进行职业选择。

（3）能力期（13～14岁）。开始考虑自身条件与喜爱的职业是否相符，有意识地进行能力培养。

2. 探索阶段（15～24岁）

该阶段的青少年通过学校和社团组织的活动、休闲活动、打零工等机会，对自我能力及角色、职业进行了一番探索，因此选择职业时有较大弹性。这个阶段发展的任务是自我概念与职业概念的形成，通过自我检视、角色尝试、学校中的职业探索等，使职业偏好逐渐具体化、特定化。这个阶段共包括以下三个时期。

（1）试探期（15～17岁）。考虑需要、兴趣、能力价值及机会，做试探性选择，并在幻想、讨论课业及工作时加以尝试。此时的选择范围会缩小，但是因为这一阶段个体对自己的能力、未来的学习与就业机会还不是很确定，所以现在的一些选择在以后的时期一般不会被采用。

（2）过渡期（18～21岁）。进入就业市场，进行专业训练，更重视现实，并力图实现自我观念，将一般性的选择转为特定的选择。

（3）尝试期（22～24岁）。这一时期职业生涯初步确定并试验其成为长期职业生活的可能性。此阶段所选择的工作范围会很小，只选择可以提供重要机会的工作，而且若该工作不合适则可能再经历上述各时期以确定方向。

3. 确立阶段（25～44岁）

确立阶段属于选择、安置阶段。经过早期的探索与尝试后，最终确立稳定的职业，并谋求发展，这一阶段是大多数人职业生涯中的核心部分。

（1）尝试期（25 ～ 30 岁）。个人在所选的职业中安顿下来。重点是寻求职业及生活上的稳定。同时，对最初就业选定的职业和目标进行检讨，如有问题则需要重新选择、变换职业。

（2）稳定期（31 ～ 44 岁）。致力于实现职业目标，是富有创造性的时期。

在 30 ～ 40 岁的某一时期，可能会发现自己并没有朝着自己的职业目标靠近或发现了新的目标，因而需要重新评价自己的需求和目标，这时就处于一个转折期，也可以称为职业中期危机阶段。

4. 维持阶段（45 ～ 65 岁）

个体仍希望继续维持属于他的工作“位置”，同时会面对新人员的挑战。这一阶段发展的任务是维持既有成就与地位，并为退休做计划。

5. 衰退阶段（65 岁以上）

衰退阶段属于退休阶段，由于个人的健康和工作能力逐步衰退，即将退出工作，结束职业生涯。因此，这一阶段要学习接纳一种新的角色，适应退休后的生活，以减缓身心的衰退，维持身心健康。

舒伯以年龄为依据，对职业生涯阶段进行了划分。但因为现实中职业生涯是个持续的过程，各阶段的时间并没有明确的界限，其历时长短也常因人而异，有时还可能出现阶段性反复，所以舒伯后期对理论进行了深化，他把每个不同年龄段划分为成长、探索、确立、维持、衰退五个层次，如表 1-4 所示。这种大阶段套小阶段的发展是一种螺旋循环发展的模式，使各阶段的发展任务紧密相连。

表1-4　生涯各阶段循环式发展模式

生涯阶段	青年（15 ～ 24 岁）	成年（25 ～ 44 岁）	中年（45 ～ 65 岁）	老年（65 岁以上）
成长阶段	树立自我观念	学习如何建立人际关系	接受个人条件的制约	发展非职业性的其他角色
探索阶段	寻找学习机会	寻找心仪的工作机会	迎接新挑战并努力解决	寻找退休离职后的休憩地
确立阶段	在初定职业中起步	积极投入工作，力求上进	发展新的应变技能	完成未完成的梦想

续表

生涯阶段	青年（15～24岁）	成年（25～44岁）	中年（45～65岁）	老年（65岁以上）
维持阶段	验证当前的职业选择	稳定职位，维持安定	加强自我，笑迎竞争	继续做自己感兴趣的事情
衰退阶段	减少休闲活动时间	减少休闲娱乐的时间	集中精力于感兴趣的活动	减少工作时间

（三）格林豪斯的职业发展理论

格林豪斯从人生不同年龄段的职业生涯发展所面临的主要任务的角度，对职业生涯发展进行研究，并以此为依据，将职业生涯发展划分为五个阶段。

1. 职业准备阶段（0～17岁）

这一时期主要任务是发展职业想象力，对职业进行评估和选择，接受必要的职业教育和培训。该年龄段的对象基本为学生，这一阶段中他们开始了解社会上的各种职业，并对某些职业进行体验和评估，结合个人的目标和兴趣等进行初步的职业选择，并通过学校教育、专项培训等获得基本的职业能力，取得相应的从业资格证书。

2. 进入组织阶段（18～24岁）

这一阶段的主要任务是在获取足量信息的基础上，在一个理想的组织中尽量选择一种合适的、较为满意的职业。该阶段被视为“找工作—找到工作—找到合适的工作”这三步走的缩影时期。大多数职场新人都是毕业初期经过一段时间找到工作，入职后进一步熟悉和了解所处的行业和职位，处于继续适应和学习的阶段，如果对企业文化、行业、雇主不满意，可能就会选择离职换工作。因此，进入组织的时期往往是人们的职业体验期，人们在此时期的工作中逐渐了解自己真正的职业兴趣，评估职业，争取最适合自己的岗位。

3. 职业生涯初期（25～39岁）

职业生涯初期的主要任务是学习职业技术，提高工作能力；了解、学习组织纪律和规范，逐步适应职业工作，融入组织；为未来的职业发展做好准备。不论是学习、生活还是工作，都要找到自己真正的兴趣，发现自己的天赋，满怀兴致地从事自己最期望的事业，这才是最理想的职业生涯状态。因此，在职业生涯初期，我们需要把自己和所在的行业、企业组织、职业相融合，这也是职场路上升职的必要基础，同时为职业的发展做好必要的准备，努力前行或是转行跳槽。

4. 职业生涯中期（40～55岁）

职业生涯中期的主要任务是对早期职业生涯重新评估，强化或改变自己的职业理想。选定职业，努力工作，争取有所成就是这一阶段的主要任务。个体在经历了前期的实践后，对职业发展可能有了重新评估和选择的想法，是延续此前的发展道路继续前行，做出一番理想的事业，还是未雨绸缪，转换职业是这一阶段需要做出的重要决策。在这个阶段，家庭、生活等各方面的责任与负担使个体的选择不容有丝毫的闪失。

5. 职业生涯后期（55岁以后）

继续保持已有职业成就，维护尊严，准备退休是这一阶段的主要任务。个体一方面应继续发挥余热，另一方面也应及时规划退休后的生活。年轻时的爱好、理想以及未曾实现的愿望都可以成为打发时间、寻找快乐的行动根源。

格林豪斯的职业生涯发展理论从个体的工作角度将职业生涯进程予以阶段性划分，涵盖了个人整个的职业生涯，逻辑上也很清晰，但从实际可操作性来说，却似乎略显单薄。实际应用中，我们往往会结合其他细分阶段的理论分析与整合特点，将大阶段分解为若干小步骤、小目标，以此带动生涯发展的大循环。

三、职业生涯决策理论

职业生涯决策理论是从职业生涯决策的组成要素、步骤、程序、阶段以及相关问题的角度，对个体职业选择、个体进行职业决策时存在的一些规律进行探讨和总结。在早期的职业生涯理论中，人们虽然认识到了决策过程的重要性，但却将此过程视为自然发生的。以帕森斯为代表的职业选择派学者认为，个人只要掌握了充分且正确的数据资料，就能在选择职业时做出正确的决定。他们较为强调资料的重要性，将决策视为次要的必然结果。

（一）彼得森的认知信息加工理论

认知信息加工理论作为职业生涯决策理论的重要代表，由盖瑞·彼得森在吸收了决策制定策略中各项理论的基础上加以发展。彼得森于1991年提出了认知信息加工金字塔模型以及 CASVE 循环[①]的核心观点，它们也是个体进行生涯决策时简单且行之有效的方法。

1. 信息加工金字塔

信息加工金字塔模型包括个体做出生涯选择所涉及的各个阶段，主要由三级组成，如图 1-2 所示。

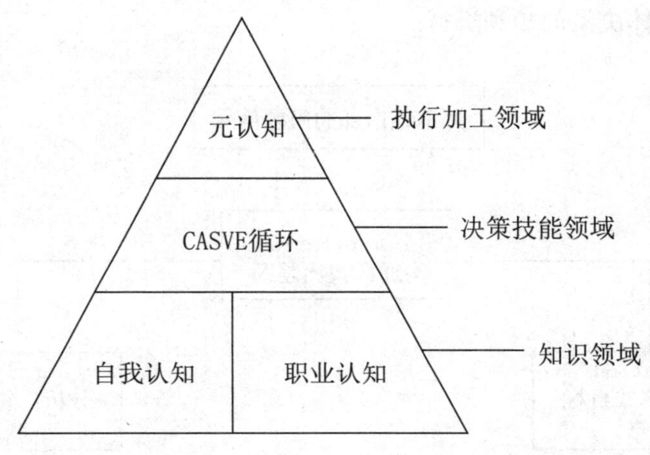

图 1-2　信息加工金字塔模型

（1）第一级：知识领域。该领域类似计算机中对数据文件进行搜集和整理的过程，个体通过对性格、价值观、素质、能力等的自我认知，以及对职场环境、职业教育等的职业认知，来处理和加工相关信息，以帮助生涯问题的解决和决策的制定。

（2）第二级：决策技能领域。该领域类似于计算机的程序，主要包括进行良好决策的五个步骤，即 CASVE 循环，以指导个体如何进行生涯决策。

（3）第三级：执行加工领域。该领域类似计算机的工作控制功能。在该领域中，个体将思考决策制定的整个过程，决定为实现目标而工作的时间、方式，解决生涯问题所采取的途径、方法，等等。该层级还涉及了元认知的概念。认知是指人们的思维方式，人们对信息加工的过程；元认知则是认知的认知，是

① CASVE 循环是一种职业生涯规划决策技术，包括沟通（communication）、分析（analysis）、综合（synthesis）、评估（valuing）和执行（execution）五个阶段。CASVE 就是这五个词的英文单词首字母。

对认知过程的认知，也被称为反省认知。

2. CASVE 循环

在认知信息加工理论中，做出决定被认为是生涯发展的关键环节，该理论中的 CASVE 循环将逐一分析个体做出决策的具体过程。如图 1–3 所示，CASVE 循环主要是沟通、分析、综合、评估、执行这五个步骤的反复循环过程，以保证个体决策的顺利进行。

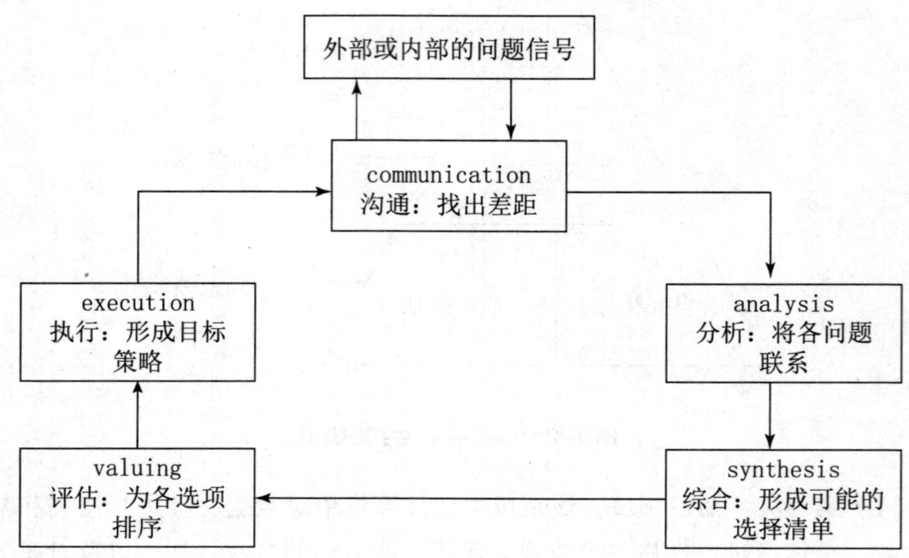

图 1–3 信息加工 CASVE 循环

3. 改善元认知的技能

我们在执行加工领域已经初步了解了元认知的概念，在这个决策制定的关键步骤中，提高对元认知的掌控技能是实现目标的重要途径。通常，元认知包含以下三个方面的过程。

（1）自我对话。自我对话即自己跟自己交流，这在很大程度上是一种重要的心理暗示，这种暗示也有正负消长作用之分，认为自己在某领域能胜任工作、有能力实现目标，有意识地进行自我对话是有必要的。积极的自我对话能够使个体对决策的制定产生一种积极的期待，它能强化个体行动的积极性。反之，消极的自我对话对生涯决策有负面作用，会严重打击个体的自信心，导致个体在决策制定上犹豫不决，阻碍其顺利做出正确决策。

（2）自我觉察。自我觉察是对行为和情绪的觉察。个人认识到自己是任务的执行者，在从事信息加工任务的时候不仅要意识到自己的感受，还要关注他人以及团队的需要，适时微调，平衡自身、他人及社会的各方利益，做出于己于人都利大于弊的选择。

（3）控制监督。控制监督认知的过程会左右着我们行为和情绪的步调，如是前进还是停下来搜集更多的相关信息，对决策过程中可能出现的冲动性反应做出及时的权衡，意识到自己存在的差距并关注各项准备工作，提醒自己承诺的期限，这些都是自我认知对控制监督的影响。要使计划中的目标实现过程和实际行为步调相一致，就需要把握好对认知的控制监督方式。

（二）克朗伯兹的社会学习理论

美国斯坦福大学职业生涯规划大师约翰·克朗伯兹吸取班杜拉的社会学习理论的精华，继承并发展了该理论，在分析生涯选择影响因素的同时，还提出了职业决策的具体步骤模式，主要分为以下七个过程。

（1）界定问题。认识自我，明确自己想要什么，厘清自己的需求和限制，了解自己的优势和不足，在此基础上明确目标和制定实现目标的大致时间表。

（2）拟订行动计划。在明确自己目标的基础上，分析可能达到目标的各种行动方案，制定达到目标的流程。

（3）澄清价值。界定个人的选择标准，澄清自己的价值观，明确自己最想要的是什么，并将该标准用于评估测量各项备选方案。

（4）找到可能的选择。通过搜集资料，找到可能的备选方案以实现目标。

（5）评价各种可能的选择。依据自己的评价衡量标准，逐一评价各种可能的选择，分析比较各自利弊，找出可能的结果。

（6）有系统地删除不合适的方案，筛选最合适的选择。

（7）开始行动。开始执行行动方案，尽力达成预定的目标。

克朗伯兹的社会学习理论特别强调社会及自身遗传因素对自我决策的影响，个人在做出职业选择时不仅要考虑“我想要什么”的个人因素，还需要兼顾“我可能得到什么”“我能够做到什么”的社会、遗传等因素的影响。在这个选择过程中，学习的重要性也展露无遗，职业决策被视为一种可以习得的职业技能，即这种技能是可以通过教育和学习来提升的。

（三）丁克里奇的决策风格论

风格是指不同的人在做事方式上所表现出来的习惯性偏好。决策风格是影响决策效果与决策效率的重要因素。丁克里奇通过访谈研究确定了个体职业生涯决策时所采取的策略和决策类型。[①]丁克里奇发现个人在决策时有八类风格：冲动型，进行决策时相当冲动，非常随意；宿命型，相信命运，相信可遇不可求的说法，一定要等到必然的机会出现时才进行决策；顺从型，自己无法做主，而顺从他人为自己确定的决策；延迟型，喜欢拖拉，不到最后一刻不进行决策；烦恼型，总是希望尽可能多地收集与处理相关的信息，但又无法摆脱担心和烦恼；计划型，非常理性、有条不紊、按部就班地收集信息，做出分析并进行决策；直觉型，相信感觉，依据感觉的好坏来进行决策，但又不能具体说明原因；瘫痪型，愿意接受进行决策时要负的责任，但却又非常恐惧焦虑，导致不能进行任何实质性的决策。这八种决策风格没有绝对的优劣之分，各有其适用的范围和局限性。决策风格既受个性的影响，又受环境的塑造，并非无法改变。

第三节　职业生涯规划的自我认知

一、自我与自我认知概念界定

（一）自我与自我认知

自我指个体对自己存在的觉察。觉察是一种心理经验和主观意识，故自我就是指自我意识。自我意识是对自己身心活动的觉察，具体包括认识自己的生理状况（如身高、体重、体态等）、心理特征（如兴趣、能力、气质、性格等），以及自己与他人的关系（如自己与周围人相处的关系、自己在集体中的位置与作用等）。

自我认知是对自己的洞察和理解，包括自我观察和自我评价。自我观察是指对自己的感知、思维和意向等方面的觉察；自我评价是指对自己的想法、期望、行为及人格特征的判断与评估，这是自我调节的重要条件。实事求是地评价自己是自我调节和人格完善的重要前提。

威廉·詹姆斯于 1890 年在他的《心理学原理》中第一个提出了对自我的看

① 李金亮，杨芳，周欣．大学生职业生涯规划[M]．长沙：湖南教育出版社，2019：52.

法，他认为自我是个体所有经验的中心，个体把世界分为“我”和“非我”，而个体对自我的定义以及如何划分“我”与“非我”都基于个体与他人的社会交互作用。他把自我认知分为三个要素：物质的自我，即自我的身体、生理、仪表等要素组成的血肉之躯；社会的自我，即自己在社会生活中的名誉、地位、人际关系、处境等，也是自己在群体中的价值和作用、别人对自己的大致评价等；精神的自我，即对自己智慧、道德标准、心理素质、个性的认识和自我的能力、性格、气质。詹姆斯的划分方法与弗洛伊德把人的心理分为三要素的思想颇有相似之处，在进行社会实践及心理分析时有一定的可取之处。而库利和米德等人则认为个体自我概念的形成取决于社会的相互作用。1908 年，麦独孤在《社会心理学导论》一书中提出，自我的本质是一种本能，是人类与生俱来的，是促进个体目的性行为的内在驱动力。这一观点给了弗洛伊德对于自我理解的一些启示，他主要从人格结构的角度阐述自我，他把个体的人格分为自我、本我和超我三个部分，认为自我起着协调本我与超我之间关系的作用，遵循现实原则，在满足本我需要的同时，还要保护主体免受焦虑的困扰。

马斯洛是人本主义心理学派的创始人，他从动机的观点出发，提出了需要层次理论，并进一步发展了自我实现的人格理论。他把人类的需要分为五个层次，分别为生理的需要、安全的需要、归属和爱的需要、尊重的需要、自我实现的需要。这些需要是从低级向高级过渡的，个体只有满足了生理和安全的需要，才有可能去追求尊重和爱的需要与自我实现的需要。

国内对自我的研究比较少，时蓉华认为自我是由自我认识、自我体验与自我控制三种心理成分构成的；[①] 江光荣等针对青少年心理健康素质的测量提出了“心理健康素质相关自我结构”的模型，在该模型中，心理健康相关自我处于模型的最顶端，其下包含三个二级结构，即自我认知、自我评价和自我调控。[②]

综合国内外研究，笔者发现自我并不是一个单一的概念，不同领域的研究者因研究目的的不同而从不同的角度和深度对自我的概念进行探讨。从形式上看，自我可以分为认知、情绪和意志三种形式，称为自我认识、自我体验和自我调控；从内容上看，自我分为物质自我、社会自我和精神自我三个方面；从自我观念上看，自我则可以分为现实自我、投射自我和理想自我。本书现从内

① 时蓉华．现代社会心理学[M]．上海：华东师范大学出版社，2002:106-114.

② 江光荣，胡博．《青少年心理健康素质调查表》自我分量表的编制[J]．心理与行为研究，2006（2）：95-100.

容角度对自我加以阐释，即主要研究威廉·詹姆斯的理论——自我包括物质自我、社会自我和精神自我。由上所述，笔者认为自我认知就是对自我的感知，属于自我的认知成分，原因是自我是个多维度的概念。相应地，自我认知的结构也应该是多维度的，涉及个体对自身各个领域的知觉，包括物质自我、社会自我和精神自我。

（二）自我认知理论

威廉·詹姆斯是美国本土第一位哲学家和心理学家，也是教育学家。他是实用主义的倡导者，是美国机能主义心理学派创始人之一，也是美国最早的实验心理学家之一。1875 年，他建立了美国第一个心理学实验室。1904 年，他当选为美国心理学会主席。同时，他是最早系统地研究“自我”的心理学家之一。他关于自我的理论奠定了现在讨论自我观念的基础。在他看来，自我可以分为二元：主我（I）和宾我（mine）。所谓主我，就是指作为认识者的“我”，詹姆斯又称之为“纯粹自我”。詹姆斯认为，自我有四个功能，那就是产生同一感、连续感、整合感和独立感。可以这样理解：经过时间的推移和空间的变化，个体依然能确定自己是一个不同于他人和外部世界的整体感觉，并能感觉到自己是独一无二的。詹姆斯对“宾我”的分析是其自我理论的主要组成部分。宾我是作为主我的认识对象的一部分出现的。詹姆斯也有用术语“经验自我”来指代人们对他们自己的各种各样的看法。

1. 物质自我

物质自我指的是真实的物体、人或者地点。物质自我还可以分为躯体自我和躯外自我（延伸的自我）。物质自我的躯体部分不需要解释，但是我们对于自我的感知却并不仅限于我们的身体，还包括其他人（父母等）、宠物（小狗等）、财产（汽车等）、地方（学校等）以及自身的劳动成果（工作成果等）。但是，也并不是这些物质实体才构成物质自我。这就是我们在谈到延伸的自我时所需要说明的东西。詹姆斯认为，比起我们的躯体来，自我更易变，含义更广泛。

2. 社会自我

社会自我指的是我们被他人如何看待和承认。社会自我包括我们所拥有的各种社会地位和我们所扮演的各种社会角色。

3. 精神自我

精神自我指个体的内部自我或个体的心理自我。它由除去真实物体、人或地点以及社会角色的被个体称为自己的任何东西构成。个体所感应到的能力、态度、情绪、兴趣、动机、意见、特质以及愿望都是精神自我的组成部分。它是个体所感知到的内在的心理品质，代表了我们对自己的主观体验、对自己的感受。

用该理论指导大学生进行正确的自我认知有一定的实践意义。主要表现在以下三个方面。

首先，使学生明确自我认知的内容。根据詹姆斯的理论，自我认知的内容主要是认识宾我，了解个体对自我的看法和他人对自己的看法。学生只有对自己的情绪、兴趣、性格等方面有了全面和较为准确的认识，才能更好地进行职业生涯的规划。

其次，帮助学生扮演好自己的“角色”，提升人际关系能力，获得他人认同。学生是生活在群体中的半个社会人，有室友的群体、班级的群体、社团的群体、朋友的群体。在这些群体中，学生扮演着不同的角色，在每个群体中学生都面临着不同的人际关系的处理。学校是个体踏入社会的开始，可以说，在大学里，学生就得开始尝试转换自己的角色，不再是单纯地生活在校园里的人，而是身负众多角色的人。他们将自己所在的群体与其他群体进行比较来形成自我概念。看到别人眼中的“我”，这是社会自我与物质自我的融合过程。形成正确的自我概念，拥有良好的人际交往能力，了解自己的优势和劣势有助于学生职业目标的制定。

最后，有助于学生树立自信。该理论能够指导学生正确认识自己的方向，包括能力、兴趣、个性、动机、态度等。只有改变以往不合理的归因方式，增强自己的人际交往能力，改变对自己的看法，才能拥有积极的自我概念，从而树立自信。

二、自我认知的内容

自我认知有许多理论，其主旨就是要求人们必须从多个角度去了解自己。比如，美国心理学家詹姆斯在探讨自我的内在结构时，曾首次将自我分为“主体自我”和“客体自我”。前者指个体的纯经验，后者则指经验内容。美国田纳西州心理治疗专家费池提出了五个自我认知的基本维度，帮助人们进行自我认知。另外，还有人提出了现在自我、理想自我和他观自我的观点。

本书在总结国内外自我认知基本理论的基础上，将其与中国传统哲学思想、传统文化相结合，提出“完整我”的概念。“完整我”包含了“生理我”“心理我”“社会我”“道德我”“家庭我”“优势我”等多方面自我认知的内容，以便更好地帮助大学生认识自己。

（一）“生理我”——我的身体状况

“生理我”又称“生理自我”，是一个人对自己的身体、健康状况、外貌、动作技能等方面的认知，包括身高、体重、视力、体力、相貌等可以量化或能够直观得到的指标。通俗地说，就是个体对自身生理情况的认知程度。

“生理我”是最基本的一种自我概念，它对个人的适应能力与未来发展都有重要的影响。正确认知“生理我”，理性面对自己的生理特点，根据“生理我”来选择自己能够适应的工作十分重要。比如，身高可能会成为某个行业入门的门槛；色盲或色弱的人不能从事许多岗位；有传染病的人不能从事医疗、饮食、食品生产行业；身体素质差的人不能胜任重体力劳动的工作；等等。

这里要特别提醒大学生，要愉悦地接纳自我，正确地认识自我，无论自身生理条件如何，都要靠自己的努力，否则会耽误自己的前程。如果在这方面处理不好，那么“生理我”就可能在一定程度上影响“心理我”的发展，进而影响一个人的职业生涯发展。

（二）“心理我”——我的内心世界

“心理我”又称“心理自我”，是一个人对自身价值与能力的评价。站在职业生涯规划的角度来说，拥有良好的“心理我”认知是相当重要的，许多心理学实验都显示，个人对自我能力的评估会影响他所设定目标的水准，进而产生截然不同的结果。

“心理我”可以通过各种测评工具来检测。“心理我”的内容包括兴趣、性格、能力、价值观等，这些与一个人的职业发展有密切的联系。

1.兴趣

兴趣是人们力求认识和掌握某种事物，并经常参与该事物的有关活动的心理倾向。兴趣是最好的老师，可以充分调动人的潜能，提高工作效率，使人发挥出自己的才干；兴趣是保证个人职业稳定性和工作满意度的重要因素；兴趣是进行职业选择的一个最重要的依据。

从心理学角度来说，个体在职业选择时，先需要了解自己的兴趣。比如，有的人喜欢操作，靠他灵巧的双手，就能在技能操作领域得心应手，如果硬要把他的兴趣转移到书本的理论上去，他就会感到无用武之地；有的人动手能力较弱，但是喜欢钻研理论知识，也不能强求他进行操作类工作。这种兴趣上的差异构成了职业选择的重要依据。

（1）兴趣可使人的智力潜能得到充分发挥。当一个人对某种事物产生兴趣时，他整个人的积极性都会被调动起来，他会积极探索，增强克服困难的信心；反之，“牛不喝水强按头”是不会取得好效果的。例如，爱迪生在学校里被人骂“傻瓜”“低能儿”，被勒令退学，但在发明的王国里却显示了超人的才华；达尔文在课堂上“智力平平”，但在大自然的怀抱里却显得异常聪明、敏锐，最终成为进化论的创始人、伟大的生物学家。

（2）兴趣可以提高人的工作效率。一个人对某项工作感兴趣时，枯燥的工作也会变得丰富多彩，趣味无穷。兴趣使工作不再是一种负担，而是一种享受。兴趣可以调动一个人的全部精力，使其高度集中，从而提高效率。据研究，如果一个人对某项工作有兴趣，他能发挥全部才能的 80% ～ 90%，并且能长时间保持高效率工作而不会感到疲倦；而对工作没有兴趣的人，其只能发挥全部才能的 20% ～ 30%，也容易筋疲力尽。

（3）兴趣是事业成功的重要因素。许多成功人士都有着惊人的相似之处，就是对自己感兴趣的事非常执着，一旦认定，就不会轻易改变，全身心投入，一味追求，这是成功的有力保证。一个人如果选择了自己不感兴趣的职业，不仅抑制才能，还会很痛苦。所以，选择职业不仅要看工资多少、城市怎么样，最主要的还要看自己是否有兴趣。

2. 性格

性格是表现在一个人对客观现实的稳定态度和习惯化行为方式之中的个性心理特征。生活在现实社会中的每一个人都会感受到社会现实对自身的影响，并会对这些影响做出特定的反应活动。如果这些反应活动取得了良好的效果，就会得到客观现实的积极强化；如果这些反应活动产生了消极和不好的结果，就会遭到否定。长此以往，对客观现实给予的影响，人们会通过认识、情感和意志过程将自己的反应保留下来，逐渐形成一定的态度体系。如果某些反应结构已经被巩固保留下来，成为个体经常采取的态度和相应的行为方式，就会形成一定的性格特征。例如，勤奋、勇敢、正直等就属于人对社会现实和自我的态度。

性格在职业生涯规划当中起到一种指向作用，个体有什么样的性格就应该选择与其性格相匹配的职业范围。每一种性格都有它的优点和缺点，也都有其匹配的职业。如果找对职业，每一种性格都能成功。职业没有最好的，只有最合适的。一种专业或职业与个体的个性偏好不相匹配时，个体就需要付出额外的精力和注意力去应对。

3. 能力

能力是人们较熟悉的一种心理现象。现实生活中，有人运算敏捷，思路灵活，人们就会说他运算能力强；有人过目不忘，人们就会夸他记忆能力强；有人擅长组织管理，人们就会说他管理能力强。所以能力是人顺利完成某种活动所必需的直接影响人的活动效率、促使活动顺利完成的个性心理特征，它是个体顺利完成某种活动的必要的心理条件。能力总是和活动紧密联系，一方面，个人的能力总是在活动中形成和发展，并在活动中得到表现；另一方面，从事某种活动又必须有一定的能力作为条件和保证，能力是完成活动直接有效的可能性心理特征。

能力是个人职业选择和获得成功的基础。在职业生涯中，职业的成功不仅与个人的个性特点、知识技能、工作态度、物质条件、健康状况、人际关系等因素有关，还与一个人的能力密切相关。在其他条件相同的情况下，能力强的人比能力弱的人更能使工作顺利进行，更容易获得成功。

不同的人有不同的能力。有人善于言语交谈，有人善于实际操作，有人善于理论分析，有人善于事务性工作。每个人都有自己独特的能力范围。社会上不同的职业对从业者的能力也有不同的要求，如有的需要言语能力，有的需要计算能力，有的需要动手能力，而大多数职业则都需要几种能力的综合。

例如，外科大夫要胆大心细，动手能力强；儿科大夫要和蔼可亲，善于与小孩沟通；急诊大夫要反应快，应变能力强；内科大夫则要相对沉稳、严谨，善于观察、思考和分析；护士则要有爱心、耐心和恒心，有与病人和医生交往的能力，有很强的动手能力和执行力；药剂师要有很好的记忆能力且认真细心；检验人员则需要具备很强的学习能力、动手能力和执行力；等等。

人的能力差别是客观存在的，这种差别制约着人们活动的领域与职业选择的范围。一个人如果不能客观地评价自己的能力，就会导致选择错误的职业，将无法发挥出自己的潜力，也难以有所成就。

4. 价值观

价值观即“价值观念”，是指人们关于基本价值的立场、取向、态度等。每个人都有一套独一无二的价值体系，当个体为了制定一个明智的职业决策而寻求自我认知时，就需要明确哪种价值最符合自己的个性。认识自己最好先从了解自己的价值观入手，要认真地询问自己，内心深处最想要的东西到底是什么。

每种职业都有各自的特性，不同的人对同一职业特性可能有不同的评价和取向，这就是所谓的职业价值观。作为人们对待职业的一种信念和态度，职业价值观往往决定人们的职业期望，影响人们对职业方向和职业目标的选择。

不同时代、不同制度环境甚至不同自然条件下的人们会有不同的职业价值观。即使是在同一年代、同一地区的人，也会因各自的成长环境、教育背景、个性追求等的差异而各有所好，这是毋庸置疑的。随着市场经济的不断深入，更多的年轻人越来越看重职业成就与物质利益的同步发展。在择业过程中，有人追求优厚的收入，有人喜欢拥有轻松愉快环境的工作，但更多的受过高等教育的年轻人仍然把能否充分发挥自己的才能视为择业的第一标准。价值观取向能折射出我们的世界观和理想，它对于职业生涯发展非常重要。

（三）“社会我”——个体对社会的责任和个体在社会发展中的机遇

“社会我”又称“社会自我”，是指一个人在与他人交往中感知到的他人对自己的一种看法以及自己的社会责任感。“社会我”会影响一个人的人际关系及其在社会中的角色定位，进而影响到职业生涯规划。

大学生要实现从校园到社会的过渡，也就是说，既要把个人的个性充分发挥出来，又要注意把个性塑造得极为接近社会个性，使自己符合所扮演的社会角色的需要。这种社会角色不仅要有现代人才的品质，还要有强烈的社会责任感。在国家建设大潮中，如何按照国家的发展战略来选择自己的职业和去向可以完全反映个体的社会责任，也是实现“完整我”所必需的。大学生要把自己打造成社会主义事业的建设者，为国家建设添砖加瓦，这就是“社会我”的体现。

关于“社会我”的认知，提醒大学生要有社会责任意识，在关注社会的同时，发现更多的发展机会。因此，只有在社会这个大背景下考虑自己的职业发展，才能更好地实现自己的职业目标。

（四）“道德我”——个体的基本道德和职业道德

职业道德是一般社会道德的特殊形式，是社会道德的主体部分。所谓职业道德，就是同人们的职业活动紧密联系的符合职业所要求的道德准则、道德情操与道德品质的总和。

职业道德是所有从业人员在职业活动中都应该遵循的行为准则，涵盖了从业人员与服务对象、职业与职工、职业与职业之间的关系。职业道德的主要内容从道义上规定了人们以什么样的思想、感情、态度、作风和行为对待本职工作，以及待人、接物、处事所应履行的职责。

个体无论从事哪种职业，在职业活动中都要遵守职业道德。例如，教师要遵守教书育人、为人师表的职业道德，医生要遵守救死扶伤的职业道德。职业道德不但是从业人员在职业活动中的行为标准和要求，而且是其所在行业对社会承担的道德责任和义务。

职业道德是社会道德在职业生活中的具体化。在内容方面，职业道德总是要鲜明地表达职业义务、职业责任以及职业行为上的道德准则。在形式方面，职业道德往往比较具体、灵活、多样，它总是从本职业交流活动的实际出发，采用制度、守则、公约、承诺、誓言、条例、行规以及标语、口号之类的形式。从产生的效果来看，职业道德能调节从业人员与其服务对象之间的关系，可以塑造本职业从业人员的形象，并与各种职业要求和职业生活结合，使其形成比较稳定的职业心理和职业习惯。

为人民服务是社会主义职业道德的核心规范，它是贯穿于全社会共同的职业规范之中的基本精神规范，是从业人员在进行具体职业活动时应遵守的最根本的准则，是从业人员进行职业活动的根本指导思想。它既是职业活动的出发点，又是职业活动的落脚点。

（五）“家庭我”——个体对家庭的责任

“家庭我”又称“家庭自我”，是指一个人对自己的成长感受与作为家庭中一分子的价值观与责任感。

每个人都要努力以感恩的心去热爱家庭，热爱家庭里的每一位成员，还要了解家庭及家人对自己的期望及自己在家庭中承担的责任，原因是个体的职业生涯不可能完全脱离家庭及家人的需求。

一个具有良好“家庭我”信念的人，其安全感、自信心及自我效能都比较高，而且对他人、对环境更倾向于采取一种积极的态度，这有助于其在职业生涯过程中成功地应对诸多挑战和压力。

大学生作为家庭的一分子，还处于消费阶层，经济上无法独立，要依赖父母的资助才能完成学业。那他们应该如何去承担家庭的责任呢？首先，要珍惜来之不易的学习机会，好好学习；其次，要勤俭节约，用好每一分钱；最后，要善于利用各种实践的机会，或者说发挥自己的专业优势，努力地勤工俭学，减轻家庭的负担。大学生要提升自己的各种能力尤其是就业或创业能力，为将来更好地工作、获取更多的收入来报答家人做准备。

家庭条件在一定条件下会直接影响大学生毕业目标的选择。比如，家庭经济情况较好的同学多考虑深造，尤其是把出国深造作为大学毕业后的主要选择；家庭经济条件不太好的同学则多把毕业后立即就业或者创业作为自己的主要选择，而且这些同学进入大学后，非常珍惜各种勤工俭学的机会，努力创收以减轻家庭的负担。

“家庭我”不佳的人常会因不喜欢自己的家庭及家人，而采取一种疏离、回避的态度，这对于形成良好的“社会我”和“心理我”都很不利，它将严重影响一个人的职业生涯发展。

归纳起来，“家庭我”包括五个方面的内容：①“我”在家庭的位置；②“我”对家庭的作用；③“我”应承担的家庭责任；④家庭在“我”上学、求职、创业中能提供的帮助；⑤“我”的毕业选择（如深造、求职、创业）是否符合家庭的需求。

关于“家庭我”的认知可以强化学生的家庭责任意识，让学生在求职择业时，多考虑求职、创业对家庭的意义，是否有利于家庭的和谐、有利于回报父母，也可以帮助学生逐渐摆脱“以自我为中心”的思维模式，把自己的所作所为产生的结果与家庭联系在一起，增强自己对家庭的责任感。

（六）“优势我”——明确个体自身的所长

尺有所短，寸有所长。每个人都有自己的优势和不足。大学生在努力改进自己不足的同时，许多时候更要注意发挥自身所长。不少大学生在入学后积极参加学生会的活动，充分展现了自己能歌善舞、身强体健、善于沟通、优于演讲等特长，这些特长可以帮助他们赢得老师或同学的赞赏，也有助于其身心的快速成长。所以，大学生要善于发现自己的优势，找到“优势我”，以便在生涯发展与职业准备规划中突出自身所长。例如，运动员的优势就是弹跳和短跑，如果非要他跑马拉松，无论他怎么努力也很难夺冠；歌手天生好歌喉，如果非让她学举重，那她一定不会取得过人的成绩。所以，每个人都应该尽可能地去发现自己的优势并善用自己的优势。

大学生在充分认识自己，了解了“生理我”“心理我”“社会我”“道德我”“家庭我”“优势我”之后，还要做一项很重要的工作，那就是要将这些分散的认知归纳整理成一个“完整我”的概念，以便对自己有一个更加全面的认识。

三、自我认知的过程与方法

（一）自我认知的过程

1.分析自我

分析自我是主观的“我”对客观的“我”的认识与评价的过程。正确地分析自我对个人的心理活动及行为表现，对协调社会生活中的人际关系有较大的影响。人们经常会把自己看作是有价值的、令人喜欢的、优越的、能干的。如果一个人看不到自己的价值，只看到自己的不足，觉得自己什么都不如别人、处处低人一等，就会丧失自信，产生厌恶自己并否定自己的自卑感，这样的人会缺乏朝气，缺乏积极性。但如果一个人只看到自己比别人好，觉得别人都比不上自己，就会产生盲目乐观情绪，孤芳自赏，自以为是，就不能处理好各种人际关系，不能调动主客观双方的积极性，甚至遇到社会挫折后，会产生苦闷的情绪。

一般来说，人们对自己生理、心理等方面的评价不可能都恰如其分；人们认识客观世界总是从不全面到全面，从不正确到正确。如果个体对自己的评估与社会上其他人对自己的客观评价差距较大，就会使个体与周围人之间的关系失去平衡，产生矛盾，长此以往将会形成两种极端的心理特征——自满或自卑，不利于个人心理上的健康成长。

2.表现自我

表现自我是个体在自我分析的基础上，在不同的社会场合中表现出来的行为。一个人会有多种社会自我，也就是不同的社会角色。个体所具有的自我就如同其所重视的群体数量一样多，因此个体对不同的群体会进行不同的自我表现。例如，一些人在父母或老师面前显得很严肃，而在他的年轻伙伴中会表现得活泼好动；个体在自己家庭中的表现与在别人家庭中的表现也不会一样。除了人们寻求的一般印象外，个体会运用一些不同的具体方法表现自我。

根据人们试图获得的具体归属，可以把表现自我分为五种。①迎合，即试图影响关心自己人品的他人的一组不正常的行为，主要目的是使自己看上去与别人类似。②恐吓，即引起他人对自己的恐惧。恐吓者会制造一种危险的形象，运用力量去控制与他人的相互交往。③自我促进，即一个人想让自己具有某种能力，如一个人想掌握某种技能，他就会使用自我促进的方法。④示范，示范方法的使用是为了形成一种品德高尚和正直的印象，有时它是为了使对象产生惭愧的感觉。⑤祈求，即个体为了取得别人的帮助宣扬自己的缺点的行为。

3.控制自我

控制自我指个体对自身行为与思想言语的控制，是主观的“我”对客观的“我”的制约作用。控制自我表现为两个方面：一是发生作用，即人们在克服困难的过程中，命令自己有计划地行动；二是制止作用，即主观的“我”根据情境，抑制客观的“我”的行为和言语，如不乱扔纸屑、不随地吐痰等都是控制自我的结果。

控制自我对个体态度的转变有决定作用。例如，一个人对自己各方面的评价都很高，一贯认为自己正确，甚至十全十美，但当客观上要求他改变某种态度时，由于他对自己的看法与社会、他人对自己的看法差距过大，就容易感到委屈，很难转变自己的态度。另一种情况下，即使他看到了社会要求与现实的“我”之间存有很大差距，但却把社会要求降至最低水平，认为能混过去就行，这样也无法改变自己的态度，难以适应时代要求。控制自我对个体的学习、工作有推动作用。主观的“我”要求客观的“我”符合其期望水平，从而推动并促进思考、记忆、注意等心理机制处于积极活跃的状态，并促使个体为获得优秀成绩、博得社会赞同而做出不懈的努力。

（二）自我认知的方法

1.自我分析法

自我分析法指个体结合自我认识的基本内容，对自己进行分析评价，并据此设定未来目标的方法。个体对自身进行分析时，通常会降低自我防卫意识，从而了解自己的不足，进而愿意加强、补充自己尚待开发或不足之处。自我分析是个体的一种自我体验。第一，进行自我反省。古人就非常重视自我反省在个人成长过程中的作用。曾子曰：“吾日三省吾身：为人谋而不忠乎？与朋友交而不信乎？传不习乎？”现实中许多伟人也是通过自己独特的方法去分析自我、认知自我的。第二，与他人进行比较。《旧唐书·魏徵传》中有言，“以人为镜，可以明得失”，与他人进行比较是一种横向比较，就是以人为镜，对自己进行分析评价，发现自己的不足、优点和别人的长处。

2.他人评价法

他人评价法指通过让周围的人对自己进行评价来了解自我，也就是所谓的旁观者清。个人在进行自我分析时，由于受到价值观等方面的影响，可能会出现偏差。个体可以从老师、领导、同学、朋友、家人等处获得多种角度的反馈，可从这些不同的反馈中清楚地知道自己的不足、长处与发展需求，使以后的职业发展更为顺畅。

（1）老师、领导评价。老师、领导的评价是他人评价中最重要的内容之一，他们能够从相对客观的角度来进行评价。

（2）同学、朋友评价。对大部分同学而言，与老师、领导相处的时间和沟通的机会没有与同学、朋友之间多。同学、朋友间相互了解得更加充分，评价也比较客观。

（3）家人评价。家人是学生最亲密的人，与其共同生活时间最长，了解得也比较全面。

3. 专家咨询法

专家咨询法就是在自我分析和他人评价的基础上，通过与相关专家探讨人生经历、专业、兴趣、价值观、能力及环境等，借助专家力量来清晰地认识自我，准确定位，找到适合自己职业发展方向的方法。咨询专家前，通常要进行职业测评。

职业测评是心理测验的一个分支学科，它是利用心理测验相关的量化标准进行自我认知测评的一种较快捷的评估技术。科学的职业测评是客观化、标准化的问卷，它的科学性、客观性、可比较性是其他自我了解方法所不具有的。职业测评的目的是使个体适应其职业，职得其人，人尽其才，才尽其用。它在研究、辅导和组织对员工进行职业生涯开发中都占有重要地位，是不可或缺的方法。职业测评必须在专家的指导下进行，有以下几点需要注意。首先，不要神化心理测验。心理测验只是一种测评工具，它只能在个体有心了解自我之时起到辅助的作用。其次，心理测试重在质而非量，重在解释而非测验本身。再次，要明确职业测验是“探索自己”的又一个开始。职业测评的结果可能会涉及人的优点、缺点，当发现测试的结果和自己期望的结果相差很远时，应该采取积极探索自我和接纳自我的态度，将自己的生活体验和评估的结果加以比较，对自我做更加深入的分析，从而制订发展计划，切忌丧失信心或者盲目自信。最后，要在专家的指导下看测评报告，关注报告提供的结论，努力发现自己适合干什么，找到适合自己的职业类型。在职业测评的基础上，专家会给出一定的指导意见，但不会直接告诉个体怎么办，需要其认真地进行分析，然后在实际中应用。

第四节　职业生涯规划与人生发展

一、人生发展

社会由千千万万个个体组成。在一定的物理环境和社会环境下，每一个个体都有属于自己并且贯穿生命始终的独特经历，这就是人们常说的人生。人生的发展也就是每一个个体独特的发展。所以，从哲学上来看，人生发展是一种站在个体角度的叙述，而与之相对的是一种站在全体角度的叙述，即人类的发展。如果个体没有这个基本的意识，就很可能在某一群体内部，并以该群体为参照，将群体整体性的发展特色归结为自己人生发展的特点，从而无法正确把握人生，更不能有效地促进人生发展。例如，对于一个生活在生活水平不断提高、个人改造世界的能动性不断提高的社会里的人，我们可以说他得到了发展；但我们却不能以此来评价他的人生发展，这样得出的结论必然是这个社会里所有的人都处在比较完满的状态中，任何人都没有必要通过改变思想和行为来提升自我的状态。

从个体视角出发，我们可以将人生发展分为以下三个层面来把握。

第一个层面是从人生命的自然延续把握。人生既然是一种过程，那么就必然有一定的时间和空间，从呱呱坠地开始，生命的延续就在于为人生提供得以存在的时间，提供人存在的前提，而且生命的延续本身也代表了一种不断的革新。在这个意义上，我们可以说这是一种人生发展。

第二个层面是从人长期性知觉的积极变化把握。人的一生里，人的感官不停地将外在的条件和信息传入人的内部，将其变成感官刺激、身体素质、心理情感、智力认知等各种各样的知觉。人生的历程实际上就是这些知觉变化的集合。知觉分为瞬间的、短期的、长期的。瞬间的知觉变化发生得最为频繁，几乎任何外部条件或者信息产生变化都会使瞬间的知觉产生反应，并且旧有的瞬间知觉也很快会因新的瞬间知觉的产生而消失；短期的知觉变化则需要等到外部条件或信息的改变达到一定程度才会产生，产生之后也要等新的短期知觉发生后才会被替代；而长期的知觉具有很强的稳定性，能在较长的时间里保持不变，其变化也必须在多种因素达到相当深度的积累时才能发生。例如，当手碰到冰块时会有冷的感觉，这就是瞬间性知觉的变化；当经过激烈的比赛后获得冠军时会产生喜悦感和兴奋感，这就是短期性知觉的变化；当经过长时间的学习和研究后能够熟练地掌握某个学科的知识，这就是长期性知觉的变化。长期性知觉的变化会对人产生系统性和根本性的影响。当这种变化属于积极的时候，说明将来很可能会产生比之前更优质的人生轨迹，此时我们就可以说人生得到了发展。

第三个层面是从人的价值的实现把握。“价值”是一个表明主客体关系的概念，即表示客体对主体需要的满足以及满足的程度。“人的价值”则是从物品的价值中引申而来的，指作为客体的人对于作为主体的人的意义。作为主体的人也分为两种：第一种是与作为客体的人相同的人，即自我；第二种是作为客体的人以外的人，即他人和社会。由此，人的价值也就分为个人价值和社会价值。当人的思想、行为乃至单纯的存在能对他自己产生积极的影响，给他自己带来有形或无形的利益时，就表明个人价值在实现；而如果人的思想、行为乃至单纯的存在能对他人或社会带来积极的影响，给他人或社会带来利益时，则表明社会价值在实现。价值的实现意味着人潜能的释放，集中体现了人的社会性，并且最能突出体现不同个体的差异，这是从最高层次认识的人生发展。研究和讨论人生发展也只有触及这一层面时才具有终极意义。

综合以上三个层面，与前两个层面不同，第三个层面是客观的描述，更是主观的评价，需要运用一定的认识并结合具体的环境才能得出是否属于人生发展的范畴。

二、职业生涯规划与人生发展

一个良好的职业生涯发展规划可使个人依据其自身能力去寻找潜在的发展机会。就个人而言，当其在职业生涯道路上有所进步时，他就能感到满足并发挥所长；从组织方面而言，它能够降低因人员流动而产生的成本，也可提升员工的综合素质。

一般来说，个人职业生涯发展理念受各种不同理论的影响，如自我观念理论、生命阶段理论、差异特质理论、动机理论和需求理论等，因而强调人的一生中的“本我”“自我”“超我”。个体除了要满足基本的需求之外，都希望根据自己的本能特性，选择一个适合自己的职业生涯发展途径，并追求较高层次的目标。这些观点又与马斯洛的需求层次理论相吻合。

马斯洛将人类需求像阶梯一样从低到高按层次分为五种，低层次的需求包括生理需求、安全需求以及爱和归属感需求的一部分；高层次的需求包括一部分的爱和归属感需求、尊重需求及自我实现需求。其中，低层次的需求，个体差异较小；高层次的需求，个体差异较大。当低层次的需求达到某种程度的满足后，个体便会逐步寻求高层次的需求，以继续发展自我，并使自己的潜力得到最大限度的发挥，达到自己所期望的目标，如自我实现需求。该理论对人的各种需求进行了系统的分类，为个体的自我分析提供了可供参照的依据。实现人生需求与个人的职业生涯发展程度的密切关系可以用图 1-4 表示。

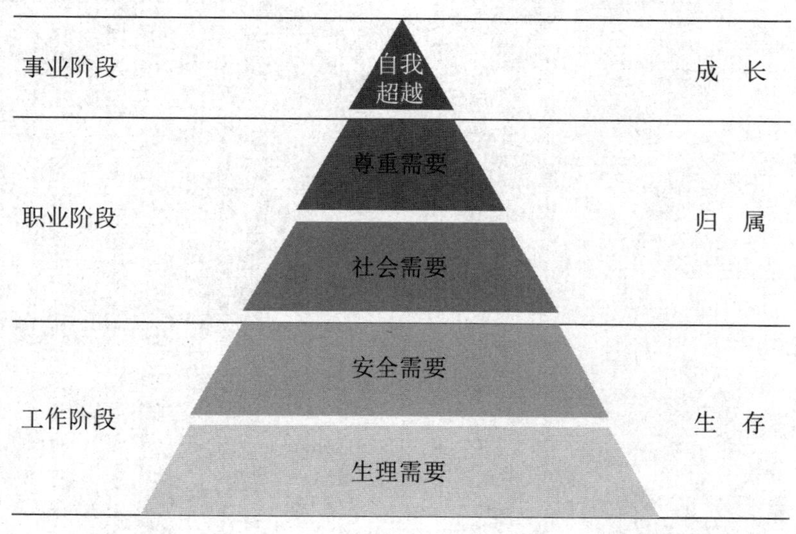

图 1-4　人的需求满足与职业发展关系

在工作阶段，个人会将自己的职业价值观、兴趣、性格、能力素质与所担任的职位进行匹配，此时工作只是个人谋生、满足生理需求和安全需求的一种手段。随着个人知识的丰富、能力的提高以及个人与职位的匹配性和适应性的提升，个人的职业生涯也就进入了第二阶段——职业阶段。在此阶段，工作成为发挥个人才干、满足爱和归属感需求与尊重需求的一种手段。而当个人的职业生涯进入事业阶段后，个人就不再把工作当作一种生存手段，而是当作实现其人生价值的手段。在此阶段，个体虽然工作负担重、责任大，但总能做到以工作为乐，在工作中总有用不完的激情，能够通过工作发挥潜能，实现更有意义的人生追求。可以说，在现代社会，职业是人生全面发展的重要载体，而人生全面发展又是职业生涯的最终目的。

第二章　职业生涯规划的制定

第一节　职业生涯规划制定原则

一、主体性原则与动态性原则

（一）主体性原则

主体性原则是制定职业生涯规划应始终遵循的原则，也是最重要的原则。职业生涯规划的制定是一项完全个性化的任务，因人而异。每个人的个性特征不同，其相应的职业生涯规划的制定也不同，并没有统一的定式，需要结合个体的具体特点进行设计。

我们通常在进行职业生涯规划之前，第一个必需的步骤就是对个体进行准确的评估，其中不但要对个体的知识结构、能力倾向、气质和性格等个性特征和职业喜好等进行全面的测评，而且要对个体外部的职业环境和职业发展资源等进行系统的评估。同时，既要考虑个体的职业发展动机，又要考察其成功的可能性，从而为个体设定相应的职业发展目标和具体的发展规划。

（二）动态性原则

对个体的职业生涯发展来说，人生的不同阶段承担着各自的发展任务，需要解决能力与自我探索的发展问题。因此，制定职业生涯规划也应该结合个体的阶段特征，确定具体的发展方向，制定动态性的发展目标与每一步的发展计划。在现实与最终目标之间设定多个阶段性目标，同时兼顾短期目标、中期目标以及长期目标，就像从山脚到山顶的一级级台阶，每迈一步都能够感到自己在朝终极目标前进，奋斗的过程就不会变得缥缈，而会更具体、真实。

大学生的学制一般为 3 ～ 5 年，在每一学年中，大学生的学习重点与心理特征还有目标任务都有所不同。根据这一自然的年限划分，大学生可以按学年设置阶段目标和规划，根据每一阶段的特点，制定自己的职业生涯规划，并按照每个阶段的不同目标和自身成长的特点，制订一些有针对性的实施方案。

下面以本科四年制大学生的职业生涯规划实施方案为例，提供大学生职业生涯规划实践方案，以便更加直观地了解制定职业生涯规划中的动态性原则。

1. 大学一年级：探索期

（1）阶段性目标。职业生涯初步认知和规划。

（2）实践方案。首先，要完成从高中生到大学生的角色转变，重新确定自己的学习目标和要求；其次，要开始接触职业和职业生涯的概念，特别要重点了解自己未来所希望从事的职业或与自己所学专业对口的职业，进行初步的职业生涯设计；最后，要快速熟悉新环境，建立新的人际关系，提高人际交往能力。此外，在职业探索方面，可以向高年级同学，尤其是大四的毕业生询问就业情况；积极参加各种各样的社团活动，增加交流技巧；在学习方面，要有扎实的专业基础知识，加强英语、计算机能力的学习，掌握现代职业者所应具备的最基本技能；如果有必要，可为获得双学位、升学（留学）计划做好资料收集及课程准备，多利用学生手册，为将来的就业选择打下良好的基础。

2. 大学二年级：定向期

（1）阶段性目标。初步确定毕业方向以及相应能力与素质的培养。

（2）实践方案。认识自己的需求和兴趣，确定自己的价值观、动机和抱负。考虑未来的毕业方向（升学或就业），了解相关的活动，并以提高自身的基本素质为主，通过参加学生会或社团等组织，培养和锻炼自己的领导组织能力、团队协作精神，同时检验自己的知识技能。可以开始尝试兼职、社会实践活动，并要坚持，最好能利用课余时间适当从事与自己未来职业或本专业有关的工作，提高自己的责任感、主动性和受挫能力，并从不断总结中得到相关职业的经验；增强英语口语和计算机应用的能力，通过获取英语和计算机的相关证书提高自身的核心竞争力。

3. 大学三年级：准备期

（1）阶段性目标。掌握求职技能，为择业做好准备。

（2）实践方案。加强专业知识学习的同时，考取与目标职业有关的职业资格证书或通过相应的职业技能鉴定。因为临近毕业，所以目标应锁定在提高求职技能上，搜集目标单位的招聘信息，参加与专业有关的实习工作，和同学交流求职工作心得体会，掌握写简历、写求职信等方面的技巧，如果有机会要积极尝试。可加入校友网络，向已经毕业的校友了解往年的求职情况。如果决定考研，也要做好复习准备。想要出国留学的学生，要多锻炼自己的英语技能，并且积极参加相关活动，准备托福、雅思等考试，并注意留学考试资讯，向相关教育部门求得招生简章来做参考。

4. 大学四年级：冲刺期

（1）阶段性目标。成功就业。

（2）实践方案。这个阶段大学生的毕业方向已经确定，大部分学生的目标应该锁定在工作申请及成功就业上。这时，可先对前三年的准备做一个总结：首先检验自己已确立的职业目标是否明确，前三年的准备是否充分；其次开始毕业后的工作申请，积极参加招聘活动，在实践中校验自己的准备；最后预习或模拟面试。要积极利用学校就业指导中心提供的用人公司资料信息，强化求职技巧，进行模拟面试等训练，尽可能在充分准备的情况下进行模拟演练。另外，要重视实习机会，通过实习从宏观上了解单位的工作方式、运转模式、工作流程等，从微观上明确个人在岗位上的职责要求及规范，为正式走上工作岗位奠定良好的基础。

当个体的行动有了明确目标的时候，就能够把行动与目标不断加以对照，并根据现实中所出现的新情况不断地修正自己的职业生涯规划，将职业生涯规划的制定打造成一个动态的过程。

二、全程性原则与现实性原则

（一）全程性原则

从广义上来说，职业生涯就是人的整个生涯。它是从职业能力的获得、职业兴趣的培养、职业的选择与获得，直至个体最后完全退出职业这样一个完整的生涯发展过程。职业生涯是一个漫长的过程，个体可以遵循传统，一生只从事一种职业，持续而稳定地在此职业岗位晋升发展；也可以由于个人兴趣、能力、价值观以及工作环境的变化而经历不同岗位、职业甚至行业。可见，职业生涯发展是一个终身的过程，整个生涯可分为若干发展阶段。因此，职业生涯规划的制定必须注重全程性。

所谓全程性原则，就是要求职业生涯规划的制定必须从生涯发展的全程来考虑，既要注重终身目标的设定与实现，又要考虑生涯各阶段具体特征与要求来制定各个时期的具体目标与策略，并将它们有机地结合起来，注重全过程的发展。其体现如下。

1. 从生涯发展的整个历程出发

人的生涯发展可分为成长、探索、建立、维持和衰退五个阶段，而它们又是一个连续的整体。因此，个体在职业生涯规划中，无论是目标的设立，还是路线的选择，抑或是措施的制定，都必须从整个历程来考虑，而不能局限于某几个阶段或仅就当前的情况。不然，此规划就是不完整的，就不能指导整个职业生涯的发展。

2. 注重生涯各阶段的衔接

职业生涯规划的制定既要从整个历程出发，统筹、整体设计，又要进行各个阶段的微观考察，根据各阶段的特征与各自任务，分别设置阶段目标与措施，使其有机结合，注重它们之间的衔接，使之成为一个有机的整体。

3. 留有充分的余地

职业生涯是一个发展的概念，也是一个动态的过程，而且是个漫长的过程。在它的全程中，情况千变万化，职业主体在变，职业环境也会相应改变。因此，规划难以做到永远合时宜。正如俗语云“计划不如变化”。鉴于此，为适应主客观条件的变化，职业生涯规划的制定就必须留有余地，以便在发展的全程中适时调整与完善。

（二）现实性原则

规划的制定在于实施并最终实现，不然，规划就会徒劳无益。为此，职业生涯规划必须具有现实性。

所谓现实性原则，就是要求职业生涯规划的制定必须从实际出发，实事求是，其目标与措施等要符合客观现实。具体要求如下。

1. 坚持从实际出发，实事求是

一切从实际出发，实事求是是我们党一贯倡导的工作作风。职业生涯规划的制定也必须坚持这一条原则。职业生涯规划能否坚持实事求是直接关系到个体职业生涯的成败。从实际出发，实事求是要求个体在职业生涯规划中，既要树雄心、立壮志，建立崇高的理想，又要脚踏实地，充分考虑自身条件和职业环境，特别是社会现实的需要，综合权衡。不然，制定出的职业生涯规划只会是华而不实。

2. 着眼自身实际情况

从实际出发，坚持实事求是要求规划主体要先着眼于自身的实际情况，切忌漠视自身条件。职业生涯规划能否圆满实现，规划主体能否在事业上取得成就，关键在于规划者个体，取决于他的自身素质。任何职业都要求从业者具备一定的条件或掌握一定的技能，不难想象，一名不懂飞行技术的人硬要驾驶飞机会出现什么后果。所以，任何一个规划制定者都要先衡量自身情况，客观认识自身的素质与能力，切实从这一实际情况（素质现状与发展潜力）着眼，只有这样，才可能打造出科学、合理的职业生涯规划。

3. 正视社会现实

从实际出发，坚持实事求是要求个体要正视社会的种种现实，绝不可超越现实需要与现实可能来规划。职业生涯规划制定的过程也是权衡乃至正确处理如个人利益与国家利益、个人愿望与社会需要以及个人追求与现实可能等各种关系的过程。上述关系处理得正确与否关系到规划实施的成败，更关系到个体人生观、价值观的体现。因此，个体制定职业生涯规划务必要正确面对社会现实，要考虑职业生涯规划实施的现实可能，更要服从国家大局。

三、可行性原则与预见性原则

（一）可行性原则

每个人在不同的阶段都有自己的目标和计划，但并非每个人都可以实现自己的目标，完成自己的计划，甚至有人根本不知道自己是否完成了计划，这就取决于自己的目标和计划是否具有可行性。职业生涯规划是个体为达成理想目标设定的规划步骤，所以这些内容本身应该是具体明确的，具有实际的可操作性，不能仅仅是一些空洞的口号。

职业生涯规划的可行性主要包括目标的现实性、计划的可行性和效果的可检查性三个方面。所谓目标的现实性，是指个体目标的设定应该建立在个体现实条件与社会需求相结合的基础上，是对个体与社会现实资源的真实评估和科学预期，是可以达到的目标，而不能是个体追新逐异或好高骛远的空想。所谓计划的可行性，就是指个体制订的计划应是非常具体的，每一个阶段都能体现职业生涯规划制定的特点。大学生可以按学年为阶段设置不同的计划，大学一年级主要是对职业生涯规划的初步认知，大学二年级初步确定毕业方向以及相应能力与素质的培养，大学三年级应该有计划地掌握求职技能，为择业做好准备，而到了大四（或大五）时，就要成功地将自己推销出去，成功就业。每一阶段的计划都应该依据个体的现有能力设定可以完成的行动计划。所谓的效果可检查性，就是指检查个体设定的目标，确定计划的完成情况，查看是否已经达成了制定的目标。

（二）预见性原则

职业生涯规划是个体一生的发展大计，要历经几十年，而在这一漫长的过程中，无论是规划主体还是规划客体，必将随着时间的推移相应地发生变化，甚至是很大的变化。要使职业生涯规划不但在初期适用，而且将来也不至于与现实相差甚远，或者说能比较适应形势的变化，就必须坚持预见性原则。

所谓预见性原则，就是要求个体在进行职业生涯规划时要科学预测，对将来可能出现的种种情况做充分的估计，并提出应对之策，做到未雨绸缪，使规划基本上能适应形势的发展。其体现如下。

1. 准确估量主体发展潜力

职业生涯规划的预见性主要体现在对主客观条件的预测上。估量主体发展潜力是对主观条件而言的。估量主体发展潜力准确与否对职业生涯规划至关重要。所以，要坚持职业生涯规划的预见性，第一步就要科学而又准确地预测、估量主体的发展潜力，以便在职业生涯规划制定时充分考虑主体今后的发展，使规划具有前瞻性、发展性，以保持职业生涯规划的先进性，与时俱进。

2. 科学预测社会发展走势

职业生涯规划的预见性还要求科学预测社会发展走势。社会大环境是人们成就事业的重要条件，谁也不能超越社会客观去追求不现实的东西，同样，我们也不能忽视社会的发展，而错失自我发展的良好时机。要想科学预测社会发展，个体就要了解过去，分析现状，掌握社会发展的规律，较准确地推断未来，把握时代脉搏，使规划不仅适应现在，而且能满足未来社会发展的需要。

3. 留有发展空间

职业生涯规划的预见性还体现在规划要给个体留有一定的发展空间，以适应其未来的发展。随着时间的推移，个体必然知识渐长、经验渐增、能力渐高，能够展现才能的平台也会变多，制定规划要充分考虑这些因素，留有一定的发展余地，以便随着个体的发展而修正目标。

四、挑战性原则与完整性原则

（一）挑战性原则

任何一项计划，如果轻而易举能实现，就没有吸引力，也就失去了它存在的意义。职业生涯规划更是如此，要激励个体去成就一番事业，其职业生涯规划就必须富有挑战性。挑战性原则有以下要求。

1. 要有挑战的勇气

实践告诉我们，在人的一生中，挑战的勇气很重要。挑战传统，挑战权威，挑战大自然，挑战自我，这些正是我们生命中最具华彩的乐章。没有挑战的人生会十分平淡，少了很多乐趣。因此，个体先要有敢于挑战的勇气，这样才能制定出具有挑战性的生涯规划。个体要具备挑战的勇气，最要紧的是超越自我，开阔眼界，并要积累做出挑战的资本。

2. 战略要有前瞻性

职业生涯是个体最重要的人生过程，它含有三个维度：时间，终其一生的职业过程是人生的不同阶段、时期等连续的过程；范围，一生从事的职业，扮演的不同角色；深度，投入职业角色的程度及个体对职业的影响程度。对职业生涯进行规划既是人生的重要课题，又是时间跨度极大的复杂工程。因此，个体必须有超前意识，要预测社会、科技发展的趋势，更要充分考虑规划给个体带来的更高的要求，从而使规划战略具有前瞻性。

3. 目标要具挑战性

目标是个体的理想，也是规划的灵魂。职业生涯规划要有挑战性，关键要使规划目标具有挑战性。目标要有挑战性，就是不能把目标定得太低，否则，就会导致个体不求上进，甘愿平庸。当然，也不能把目标定得过高，如果可望而不可即，也会使人失去动力。因此，要把目标定到恰当的高度，既不可轻松实现，又不是高不可攀，即俗话所说“跳起来摘桃子”，这样的目标最富有吸引力。

（二）完整性原则

职业生涯规划制定是个系统工程，涉及因素众多，而且包含的内容相当丰富。因此，职业生涯规划必须具有完整性。

所谓完整性原则，就是要求职业生涯规划完整、完善。具体体现在内容上完备、形式上完美、方法上完善。

1.内容上完备

内容是客观事物、现象所包含的实质性事物，即事物本身所固有的特征及其规律性。职业生涯规划的内容十分丰富，其主要包括题目、自我测评与评估、外部环境分析、职业定位与总体目标、目标开展与要求、实施路线与行动措施等。

内容上完备就是要求职业规划先要有上述内容，可谓缺一不可。然后是内容的思想性。一是真实，即职业生涯规划的内容既要真实地表达个体的思想，又要真实地反映客观世界的情况，而不是凭空捏造。二是新颖，即职业生涯规划不是照搬别人的模式，更不是说大话、空话、套话，而是立意要新，有独到的见解，有特色。三是内容的科学性，这是判断职业生涯规划质量的重要标准。要看规划内容是否科学，就要看其对个体评估是否正确，对环境分析是否有理有据，以及所选路线与措施是否符合客观实际。四是内容的创造性，即要求职业生涯规划不因循守旧，应包含个体独特的思想或观点，独辟蹊径。

2.形式上完美

辩证唯物主义认为，自然界和社会中的任何事物、任何现象都有自己的内容和形式，彼此间总是内在地、不可分离地联系着。可以说，形式是内容的反映，内容靠形式来体现。没有好的表达形式，就难体现出好的内容。职业生涯规划的完整性还体现在它形式上的完美程度。这里所说的“完美”表现在两个方面，一是形式对职业生涯规划内容的弥补作用，二是形式对规划内容的装饰作用。形式上完美的价值就是使形式依托于它的内容，共同使规划更充分、完整和完美。比如，规划中采用适当的图表除了能起到装饰作用之外，最主要的是能对规划内容进行补充和提示，使内容更加简明、直观。又如，规划的标题精练得当不仅能给内容“画龙点睛”，还能使职业生涯规划更加完美。此外，完整、严密、清晰的结构，具体、明确的概念，准确的判断，符合逻辑的推理，语体美都能使职业生涯规划更加完整、完美。

3. 方法上完善

目的与方向确定之后，方法就成为决定性因素。制定职业生涯规划也是如此，需要讲究方法。首先，自我测评要讲究方法。测评是自我认识的前提，而认识自我又是规划的基础，因此，必须采用先进的手段、科学的方法做好个体的测评。其次，环境分析要得当。对职业环境的分析要仔细、透彻，对社会发展走势的预测要科学。最后，总体设计要科学。在深入分析的基础上，归纳个体生涯发展规律，恰当判断，科学推理，设计符合客观实际的个性化生涯规划。

第二节　职业生涯规划制定步骤

一、自我评估

自我评估主要是指对自己的社会存在、社会本质、社会地位、社会价值以及自己的行为、思想意识、道德品质的认识或评价。自我认识的途径主要有以下几个方面。

（一）自我观察

要认识自己，就需要经常反省自己在日常生活中的点滴表现，总结自己是个什么样的人，找出自己的优点和缺点，这也是我们常说的反省法。

（二）通过他人了解自己

自我认知的方法中有一种方法叫“橱窗法”，即将一个人分为四个方面，包括公开的我、隐私的我、潜在的我和背面的我。公开的我是自己与他人都熟知的部分；隐私的我是自身了解而他人不了解的部分；潜在的我是自身和他人都不了解，需要通过某种方式激发才有可能表现出来的部分；背面的我是自身不了解但他人了解的部分。当局者迷，旁观者清。对于自身的缺点，虽然自己不容易看到，但周围人对我们的态度和评价能帮助我们更加认识自己、了解自己，因此对他人的评价一定要客观地看待，冷静地分析，既不要盲从又不要忽视。

（三）在实践中认识自我

提高自我认知最基本的方法就是在工作和生活实践中，通过一系列事件的开展和顺利完成，对自身思维方式、处事方式与人际关系等方面进行思考和总结。同时，与周围人的对比也可以帮助我们更深入地认识自我。通过一些集体活动或团队协作活动，观察自身与他人在兴趣、性格、气质、能力等方面的不同，观察自身与他人对同一事件在认知、思考与处理方面的差异，可以更加全面地认识自己，也可以学习他人的优点，在人际交往与为人处世中将自身缺点减到最少。

自我评估是为了更好地认识自我、了解自我。只有通过科学的方法和手段，如借助职业兴趣测验和性格测验以及周围人对自己的评价，对自己的职业兴趣、气质、性格、价值观、能力等进行全面认识，才能够清楚地判断自己的优势与特长、劣势与不足。进行自我评估时要客观、冷静，不能以偏概全，既要看到自己的优点，又要面对自己的缺点。只有这样，才能避免职业规划中的盲目性，使规划适宜。

二、职业生涯机会评估

职业生涯机会评估主要是指分析内外环境因素对自己职业生涯发展的影响。要想在职业生涯中取得成功，就必须对自身所处的环境有全面的分析和把握，如环境带给我们的机遇是什么，自身想要实现职业目标时面临的挑战是什么，环境中能利用的因素是什么，有什么是需要我们在职业发展中尽力去规避的，等等。国家政策对人的成长与发展具有导向性的作用，在进行职业生涯的环境评估时，先应对国家政策与地方扶持情况进行充分了解。如果有相关政策的扶持，则自己在日后从事该领域工作会事半功倍；如果该领域缺乏相关扶持政策，那么应当认真思考如何利用其他优势资源趋利避害，促进自身的成长与发展。例如，大学生可以通过了解自身所学专业在我国的需求情况及在各省市的发展状况来促进自身发展。环境评估也包括对相关企业与自身优劣势的评估。评估相关企业的发展规模、品牌文化、销售途径、研发现状、生产技术、福利待遇等，并详细了解企业对人才的需求状况；分析自身的优劣势，并结合用人单位对大学生专业基础、实践操作、团队协作等能力的要求，了解环境对自身发展的最新要求。只有结合环境评估结果进行的职业生涯规划才是科学的和有意义的，而缺乏环境评估的职业生涯规划将是脱离现实的、没有依据的。

三、确定职业发展目标

职业发展目标就是职业上的追求和期望。要拥有成功的职业生涯，就需要不断地调整职业定位，而一个合理的职业定位则基于个体对自己有一个清晰的认识、准确的判断和合理的把握。目标可以成为追求成功的驱动力。目前很多大学生在毕业时没有找到一份适合自己的工作或者预期的目标与现实差距过大，很大一部分原因在于没有对自己进行科学合理的职业定位。有一部分大学生从小就形成了以自我为中心的意识，认为周围所有的事情都应该围绕着他发展。以前在初高中阶段有父母为他们铺平道路，解决所有的困难；进入大学，尤其是远离父母后，他们就很难客观地认识自我，同时由于从小在优越的环境中长大，他们缺少对周围就业环境的正确分析，因此在制定职业生涯规划时，过于理想化，制定的目标过高，最后处于高不成、低不就的局面，在就业浪潮中备受打击。[①] 还有一部分大学生，在职业定位时往往认为高工资、高福利、位于发达城市的单位就一定是好的，却没有考虑过自己是否对这些单位提供的岗位感兴趣，这些单位是否会给自己提供一些机遇，自己在这样的岗位上有没有发展的空间，等等。另有一部分大学生，进行职业定位时盲目跟风，没有主见，他们认为大家普遍认为好的单位就一定是适合自己的单位，从而出现找工作扎堆的现象。这一类学生的思想很容易受到社会上一些舆论的左右和亲朋好友的影响，缺乏独立的判断力，往往过分看重他人意见而放弃适合自己的岗位。

由此可见，我们在正确地认识自我，科学地进行环境评估之后，一定要合理地进行职业目标定位，这是我们职业生涯规划成功的一大保障。

四、设定职业生涯发展路线

职业生涯发展路线是指大学生确定职业生涯目标后选择的发展路线。例如，大学生毕业后是向行政管理路线发展，还是向专业技术路线发展，抑或是先走技术路线再转向行政管理路线。不同发展路线对职业发展的要求也不相同。所以，在职业生涯规划中必须做出选择，以便使自己的学习、工作沿着预定的方向发展。职业生涯发展路线的选择通常要考虑以下三个问题：一是自己想往哪一条路线上发展，这是通过对自己的职业价值、职业理想、职业动机等的分析，确定自己的职业目标取向；二是自己能往哪一条路线上发展，这是通过对自己的性格、特长、经历、学历等的分析，确定自己的职业能力取向；三是自己可以往哪一条路线发展，这是通过对自己身处的社会环境、经济环境、政治环境、组织环境的分析，确定自己的机会取向。对以上三个问题进行综合分析，能够确定自己的最佳职业生涯路线。

① 林燕清.大学生职业生涯规划[M].厦门：厦门大学出版社，2019：161.

五、进行职业生涯规划

在深化自我认识，认清职业能力倾向，确立生涯发展志向，进行自我资源评估、生涯发展背景评估，设立职业生涯发展目标，制定职业生涯发展路线的基础上，确定职业生涯发展的总体设想，制订职业生涯发展计划和具体行动措施，这是大学生职业生涯规划中最关键、最具体、最实际和最具操作性的部分。

千里之行，始于足下。进行职业生涯规划，要明确各个目标，包括确定个人职业发展的最终目标，想干什么、想成为什么样的人、想取得哪些成就等；制定第一个 10 年规划，包括 10 年中要干哪几件大事、取得什么样的成绩、获得多少收入等；制订出 5 年、3 年、1 年计划，包括分阶段计划、具体实施步骤、方法和时间规划等。另外，要制订详细的行动计划与具有操作性的措施，做出每个月、每个星期、每天的具体安排，包括详细的任务、学习或工作数量、要达到的标准、自我奖惩措施等，并按任务与工作量的轻重缓急排出先后顺序，让自己能够根据这个规划有条不紊地学习和培训、工作和创业，进而走向个人职业生涯的成功阶梯，实现预定目标。

六、进行评估、反馈与修正

评估、反馈与修正就是对已经实施了一段时间的职业生涯规划进行适时的评估，并依据实际情况及时修正、变更原有的职业生涯规划的过程。评估、反馈与修正的过程就是个人对自己、对社会不断认识的过程，是使职业生涯规划更加有效的有力手段。

职业生涯规划是一个动态的过程，影响其制定的因素有很多且绝大部分因素是难以预测的，而且再好的职业生涯规划也会有不完善之处。因此，大学生要想使自己制定的职业生涯规划行之有效，就要不断对职业生涯规划进行评估，诊断职业生涯规划各个环节出现的问题，并及时对自己的职业生涯目标和职业生涯策略进行调整。在对已经制定好的职业生涯规划进行评估时，要抓住几个要点：第一，对核心目标和主要实施策略进行评估；第二，分离出最新的需求；第三，寻找突破方向；第四，关注最弱点；第五，制定相应的对策。调整的内容包括职业的再选择、职业生涯路线的重新确定、人生目标的修正、实施措施与计划的变更等。

第三节 职业生涯规划书的撰写

一、职业生涯规划书的内涵

（一）职业生涯规划书的概念

职业生涯规划书是指大学生针对个人职业选择的主客观因素进行分析和测定，对自己的兴趣、爱好、能力、特长、经历及不足等各方面进行评价与权衡，确定最佳的职业奋斗目标，并为实现这一目标进行规划而使用的专用文书。职业生涯规划是一个动态的过程，包括一个人的过去、现在和未来那些可以实际观察到的连续从事的职业发展过程，还包括个人对职业生涯发展的见解和期望。因此，制定职业生涯规划书最重要的是寻求职业的人职匹配，使求职者和用人单位互利共赢，协同发展。

（二）职业生涯规划书的撰写原则

1. 预测原则

职业生涯规划书是为自己定下事业大计，详细测量主客观条件，在“衡外情，量己力”的情形下设计出的合理且可行的职业生涯发展方向，能够帮助个体确定最佳的职业奋斗目标，并为实现这一目标做出行之有效的计划，具有较强的预测性。

2. 评估原则

规划的设计具有明确的时间限制或标准，使个体能够随时掌握执行状况，按计划进行阶段性评估和最终评估。

3. 全程原则

拟定职业生涯规划时，必须考虑到职业生涯发展的整个历程，进行全程的考虑。

4. 可行原则

规划各阶段的路线划分与安排必须具体可行。实现职业生涯目标的途径很多，在进行规划时必须要考虑到自己的特质、社会环境、组织环境以及其他相关的因素，选择切实可行的途径。

5. 模式原则

常见的有两种模式：一是“5W”模式，即从自己是什么样的人开始解答“Who are you？”（你是什么人？）、“What do you want？”（你想要什么？）、“What can you do？”（你能做什么？）、“What can support you？”（环境支持你做什么？）、“What can you be in the end？”（自己最终的职业目标是什么？）这五个问题；二是斯韦恩的三角模式，即根据自我、环境、教育与职业这三个目标的依据，通过自我评估，分析助力和阻力，最终建立自己的职业目标。

二、职业生涯规划书撰写技巧

职业生涯规划书撰写的常见格式主要有三种。第一种是表格式，常常仅写最简单的目标、分阶段实现的时间、职业机会评估和发展策略等几个项目，有的只相当于完整职业生涯规划书的实施计划表，适合作为日常警示使用。第二种是条列式，包含职业规划的主要内容，多进行一些简单表述，没有详细的分析和材料，虽精练但逻辑性不强。第三种是综合式，这种是比较完整的职业生涯规划书撰写格式。

下面主要介绍综合式职业生涯规划书的撰写技巧。

（一）封面

1. 标题

除了职业生涯规划这个大标题外（这个是必须要写的），还可以根据需要写上小标题。

2. 个人信息

个人信息包括自己的姓名、联系方式等。

3. 美化

依据个人喜好，进行个性化设计。

（二）目录

目录是职业生涯规划书正文前所载的目次，包括大纲，反映规划顺序、指导阅读、检索步骤等，这个既可以按自己的风格来做，也可以按照传统形式，但最重要的是要醒目、有条理，使人一目了然。

职业生涯规划书目录样例如下所示。

（三）正文

1.导语

书写进行职业规划的缘由、背景和总体目标等，用语要简练。

2.主体

这是规划书的重点部分，包括以下几个方面。

（1）机会评估。通过对自身条件和外在环境进行测评，客观地评估自己的职业机会，包括自己的优势、弱势、机会和压力，找出现实条件与职业规划最终目标的差距。

（2）设计方案。根据自己的情况，提出不同的解决方案，找到缩小现实条件与职业规划最终目标差距的方法，包括思想观念、知识技能、能力水平和心理素质等。

（3）实施方案。包括时间规划、职务目标、经济目标、能力目标、成功标准、发展策略、发展路径、具体措施等。要把长远目标和短期目标结合起来，通过不断实现短期目标来最终实现长期目标，也就是对目标进行分解与组合。这是职业生涯规划书的重点部分。

（4）计划实施。实施步骤分为短期目标、中期目标和长期目标，目标之间存在递进的关系。

（5）评估调整。为实现自己的职业梦想规划宏伟蓝图。确定评估时间，合理评估反馈。评估反馈是职业生涯规划的计划调整、反馈和修正的一个手段，在进行评估反馈的内容撰写时，应尽量避免一些如评估的原则是什么、为什么要进行评估等问题，主要撰写方法和策略，如在计划实施的过程中遇到阻碍如何解决，确定备选方案。最好写清楚不同时期的备选方案，备选方案要和本来的职业目标有一定的关联性。

总之，大学生职业生涯规划书是大学生职业生涯规划的外在表现形式，大学生在撰写的时候，要通过各种分析手段，充分分析自我，充分认识环境对自身职业的影响，主要撰写对规划的反馈、调整与预测，包括调整内容、时间和原则，要为不断提高职业生涯规划书的可行性提供可靠的基准。职业生涯规划是一个动态的过程，在职业生涯规划过程中要根据实际情况自觉地总结经验和教训，修正对自我的认知和对最终职业生涯目标的界定。

（四）结尾

职业生涯规划书的结尾可以针对完成职业生涯规划书的目标谈认识、表决心、提希望，还可以对职业生涯规划书目标实现后的情况进行憧憬。

三、职业生涯规划书撰写注意事项

（一）资料翔实，步骤齐全

收集资料有多种途径，如访谈、从报刊图书中摘抄和从网上下载等。要尽可能注明资料的出处，并多运用图表数据来说明问题，以提高资料来源的可信度和说服力。收集资料主要分为四步，即：①分析需求、分析条件及设定目标；②分析阻碍，进行可行性研究；③设计方案和提升（改变）计划；④制订详细的实施计划。

（二）论证有据，分析到位

了解有关的测评理论及知识，认真审视并思考测评报告，并对照自我认识分析测评结果与预期形成差距的原因，从而确定自我评估结果，达到“知己”；要厘清自己所处的地理环境（包括居住的地方、喜欢的地方以及亲友的意见等），明确自己的最大兴趣、最喜欢与之共事的人的类型、最重视的价值与目标和最喜欢的工作条件，再通过环境评估（包括社会影响、家庭影响、学校因素和就业形势等）和社会环境分析（包括组织环境分析和对技术的发展、经济的兴衰以及政策法规的影响等的分析）来确定职业发展方向。

（三）言简意赅、结构紧凑，重点突出、逻辑严密

语言朴实简洁，用词精练准确，行文流畅，条理清晰，这是最基本的写作要求。撰写时还应注意整篇文章的结构和重心。职业生涯规划书一般包含对职业规划的认识、对自我的剖析、对所学专业的认识、对职业方向的探索、确定目标并制订计划等内容。在对这些内容进行分析与阐述时，必须紧紧围绕职业目标这条主线来展开，从而体现文章论述的逻辑性和连贯性。同时要将重点放在自我评估、环境评估和目标实施上。

（四）目标明确，合理适中

职业生涯规划书应围绕论述的中心即职业目标展开，职业目标不能过于理想化，应“择己所爱”“择己所长”“择世所需”“择己所利”。职业生涯规划书撰写得是否成功，在很大程度上取决于个体有无正确适当、切实可行的目标。

（五）分解合理，组合科学，措施具体

目标分解、实现路径选择要有理论依据，而且与备用方案之间要有内在联系。目标组合要注意时间上的并进、连续，功能上的因果、互补，要做到全方位地组合，即涵盖职业生涯、家庭生活及个人事务等方面。

第三章　大学生职业生涯规划教育构想

第一节　大学生职业生涯规划教育体系构建

一、大学生职业生涯规划教育现状

（一）大学生职业生涯规划教育问题

1.部分高校对职业生涯规划教育重视不够，理念尚未普及，流于形式

虽然职业生涯规划系列课程已在高校普遍开设，但是各高校教育水平和教学质量参差不齐。有的高校的职业生涯规划课程还停留在选修课的阶段，覆盖面单一，教育的内容也基本上以就业技巧指导、就业政策讲解为主。这些现象也反映出一些高校对职业生涯规划教育的重视程度不够，把职业规划等同于就业指导，而且缺少专门的职业机构，人员、场地、经费方面也没有提供很好的支持和保障。

2.职业生涯规划教育功能窄化，缺乏全程化服务意识

目前，高校进行大学生的职业规划往往停留在新生入学和毕业生就业教育的阶段，没有把职业生涯规划教育与学涯教育、大学生适应发展教育等联系起来，也没有将它贯穿大学生整个教育体系。因此，职业生涯规划教育功能不全，没有达到全员化和全程化，从而使高校的职业生涯规划教育的发展受到限制。

3. 职业生涯规划教育师资匮乏，专业化程度低

在高校从事职业生涯教育的教师一般都是由就业中心专职的工作人员，或者院系负责就业工作的辅导员构成，缺少专业化的专职教师。一方面，辅导员忙于各种学生事务性的工作，没有充沛的精力辅导；另一方面，辅导员一般没有职业生涯教育相关的专业背景，因而专业化程度较低，无法系统、全面地对学生开展职业生涯规划教育。

（二）大学生职业生涯规划教育问题产生的原因

1. 思想认识不到位

各高校对大学生的职业生涯教育的重视程度不够。目前，很多高校并没有将职业生涯规划教育作为必修课开设，仍然将其设为选修课让学生自由选择。

2. 组织机构不完善

在高校的职业生涯规划教育运行实施的过程中，其组织机构往往因为忙于各种事务性的工作，而不能保证职业生涯教育的开展，加之各有关部门配合不到位，所以在一定程度上影响了高校进行职业生涯规划教育的效果。例如，有的高校将毕业生就业办公室挂靠在学生工作处，没有设立专门的就业指导与职业生涯规划中心、职业生涯规划与咨询中心等，因此其组织机构的内涵和职能还需进一步的发掘和探索。

3. 运行机制不健全

高校的大学生职业生涯规划教育虽然运行已久，但是效果并不明显，主要原因是学校的生涯教育方面的运行机制并不健全，教育功能不完善，缺少软硬件条件，各部门之间缺乏相互配合，学校的相关资源未能被很好地整合与利用。大学生的就业与发展问题不单是学校就业机构的事情，而且关系到学校的招生、人才培养等方面。因此，学校的职业生涯教育要与学校的办学特色、人才培养结合起来，而大学生的发展要将个体的需求与社会的需要相结合。总之，人才培养的目标应是以人为本。

学校应该建立以就业指导中心为核心，学生处、教务处、团委以及各院系等相关职能部门联动的职业生涯教育运行机制，各部门之间要密切配合，使大学生的职业生涯规划教育系统化、综合化，不再局限于就业部门的单打独斗，而要使全校各方面的力量结合起来，充分利用学校各种资源，形成合力，最终使大学生得以发展，同时满足社会的发展需要。

二、海外高校职业生涯规划教育体系的特点与启示

（一）海外高校职业生涯规划教育体系

海外高校普遍重视大学生职业生涯规划教育，并在实践过程中形成了一套较为完整的理论模式和教育体系。学习和借鉴海外高校职业生涯规划教育的先进经验对于更好地开展我国高校职业生涯规划教育工作具有非常重要的意义。

1.美国高校职业生涯规划教育体系

（1）设置健全完善的就业指导服务机构。美国是较早开展职业生涯规划教育的国家，其很多高校设有为大学生提供专门服务和实施必要管理的机构——毕业生就业指导中心（也称毕业生就业规划安置中心、就业发展中心、职业规划介绍中心、大学生安置办公室）。它是学校的一个常设机构，直接由分管大学生事务的副校长领导，是大学校学生事务管理中非常重要的一部分。例如，哥伦比亚大学的就业辅导中心就设有职业介绍办公室、证件办公室、辅导室、资料查询室、临时工作介绍室等办公室，为大学生提供资料信息、职业介绍、职业咨询等综合服务。此外，各级学院也设立了职业指导中心，如哈佛大学的所有学院均设有职业指导中心。

（2）拥有专业化的就业指导人员。美国高校的就业指导机构一般都配有十几人到几十人不等的专兼职人员，设有中心主任、就业顾问、就业主管、对外联络员、秘书等岗位工作人员，就业专职指导人员与毕业生的比例为 1 ∶ 200，基本上能给大学生提供一对一的指导和服务。

美国高校对就业指导服务人员的素质要求一般都很高。从学历方面看，中心主任一般要求具有辅导学、咨询学、高等教育学硕士或博士学位，就业顾问一般要求具有心理学硕士或博士学位，专职工作人员也需要获得教育学、管理学等硕士学位，其他工作人员一般要具有学士学位。高校一般还要求这些工作人员有从商或从教的经历等。此外，就业指导人员必须持有职业培训资格证书，经考核合格才能上岗。总之，从业人员的良好素质保证了职业生涯规划教育良好的实施效果。

（3）开展贯穿大学生涯的职业生涯规划教育。美国高校职业生涯规划教育贯穿整个大学生涯。就业指导中心在大学生一入学就对其进行职业教育，帮助大学生对就业市场的状况进行了解；第二年会帮助大学生发现和了解自己的专长及兴趣，指导其参加相关活动，最终选择适合自己的专业；第三年帮助大学

生收集企业资料，了解市场需求信息，指导其参加社会实践，加深大学生对所选择职业的认识；第四年指导大学生进行求职信撰写、参加面试等专题训练，帮助大学生收集所需求的信息。美国高校职业生涯教育的服务对象不仅包括在校学生，还包括已经毕业的学生。

（4）开展个性化的职业辅导。美国高校根据大学生的个性特点、兴趣爱好和特长来分析适合他们的职业，引导他们正确评价自己，通过自我评价找到适合的职业种类，帮助其确定就业意向并对其进行职业潜力开发，确立职业目标。高校就业指导机构除以讲座的方式对全体学生进行职业辅导外，还注重进行有针对性的个别咨询和辅导。学生可以预约与辅导教师见面，或通过网络把自己的简历、求职信等资料上传给辅导教师以获得具体细致的指导。

2. 日本高校职业生涯规划教育体系

（1）提供快速方便的信息服务。日本是一个高度发达的信息化国家，日本高校都设置了专门的职业生涯指导机构，成立了专门的就业指导资料室，收集了大量的有关职业规划方面的图书资料、报纸杂志、录像带、光盘以及计算机数据库等信息，通过网络、电话、报刊等各种媒介和途径传递有关职业的最新信息，包括校友的忠告和建议以及市场和企业的要求、专家的意见等内容，这已经成为日本高校开展就业工作的重要途径。同时建有专门的网站，开辟在线职业测试、在线职业咨询，通过信息网络及时把各种社会需求收集、汇总起来，学生可以随时点击相关信息，了解自己感兴趣的内容，掌握全国乃至全世界的需求动态，也可以通过网络递交自己的求职信息。

（2）设计个人职业生涯设计报告。日本高校普遍采取通过对每个学生进行个性分析来为他们的职业生涯规划提出建议的方法，并为每个学生都提供一份“自我发现报告”。这份“自我发现报告”是由“职业兴趣”“性格”“学习计划”“能力”四个领域组成的。通过这份职业生涯设计报告，学生能更好地认识自我，了解自身的兴趣、特点，确定自身的职业目标，了解通向自己理想职业的途径，并对照报告给出的指导性意见，开展相关的职业生涯活动，如参加职业生涯设计讲座辅导以及培训、报考职业相关的资格证书等。

（3）注重与政府、社会的联动。日本高校积极拓展与政府、企业的合作，基本都有一批与其保持密切联系的特定企业和政府机构。高校通过组织学生专业见习会、社会实践活动，促使他们更多地了解社会、了解就业单位的需求；邀请政府官员和企业成功人士来校开设辅导讲座，向学生介绍各行业的现状以及发展前景、就业形势等，讲解具体职业的工作性质、工作内容、工作特点；开设求职和面试技巧讲座，帮助学生掌握求职过程中的面试技巧；设立校友会，利用校友关系，向用人单位介绍本校毕业生情况，或通过校友直接推荐学生就业。

（二）海外高校职业生涯规划教育的特点

从海外高校职业生涯教育体系可以看出，它们基本形成了较完整的职业生涯规划教育体系，取得了一定成效，而且具有突出的特点。总结起来，有如下几个特点。

1. 早期性

许多国家在中学教育中就开设了职业设计辅导这一课程，把职业指导、升学指导作为初、高中阶段教育目标的重要内容。一方面，在小学、中学阶段就安排职业教育课，向学生介绍不断变化的职业市场情况及社会需求情况，帮助其有针对性地制定职业目标；另一方面，当学生升学的时候，学校会辅以多种心理测验，帮助他们进一步了解自己的兴趣、爱好、能力和人格特征等，为学生报考合适的学校和学科提供参考意见。这对学生今后职业生涯规划具有启蒙作用。

2. 专业性

在西方发达国家，从国家、州政府到学校一般都设有不同形式的专门机构和专、兼职工作人员负责职业指导工作。从事职业指导的人员专业化水平高，如咨询师要求具有教育学、心理学、咨询学或相应的人文社会科学的博士学位而且要有工作经验，指导教师或管理员也要求具有人文科学背景和硕士学位。

3. 全程化

全程化特点是高校职业生涯规划教育的显著特点之一。对于高校职业生涯规划的教育并不能仅依靠大四时期笼统性的教授，而是需要在大学时期的各个学期阶段，结合各阶段大学生的特点融入职业生涯规划的相关知识内容与就业技能，以便帮助每个阶段的大学生都能够获得与职业生涯规划相关的知识。这种就业指导贯穿学生的整个大学生涯，对学生形成正确的职业观，增强就业能力和求职技巧起着很重要的作用。

4. 网络化

各高校均建有信息全面、设备齐全的职业资料室和电子阅览室，供学生查询资料，利用信息网络及时了解各种社会需求，查找自己感兴趣的职业信息。同时开辟了功能强大的信息服务网站，提供在线咨询、在线学习、在线测评等服务，大力推进职业生涯规划教育的网络化进程。

5.社会化

各高校联合社会各界力量全面推行职业生涯规划教育，与各企业、社会服务机构建立广泛合作的关系，为大学生提供参观、社会实践、实习兼职的机会，甚至搭建校外课堂，让大学生熟悉各专业、职业具体内容，使其做出正确的职业选择。

6.个性化

每个大学生都是独立的个体，其发展与接受能力都存在一定的差异性，所以高校职业生涯规划教育的开展需要遵循个性化特点，针对不同大学生的个性特点、爱好兴趣以及特长等开展个性化职业生涯规划教育。同时，在集中授课之外，还可以着重对部分学生进行有针对性的个别辅导与咨询，帮助其实施职业规划，实现就业。

7.服务性

学生在大学阶段就能接受大学就业指导部门为其就业提供的全方位的服务。就业指导部门既举办全面的就业培训，又进行有针对性的指导，如举办公务员、秘书、文书、贸易实务、会计、教师及海外留学、海外求职、到外企就业等方面的培训和各种职业资格讲座，并为学生提供各种社会学习项目，如在校期间的社会体验活动、志愿者服务、社会实践等。

8.实用性

大学就业指导部门对学生的就业技能进行评价。将职业测试作为一种辅助手段，为学生的职业选择提供参考。对学生的就业技能进行综合评价能够让他们找出自己的差距和努力方向，提高他们自我推销和从事职业工作的技能。

（三）海外高校职业生涯规划教育对我国的启示

通过借鉴海外高校职业生涯规划教育工作的先进经验，可以得出对我国高校职业生涯规划教育工作未来发展的几点启示。

1.加强职业生涯规划教育指导队伍的专业化建设

高校开展职业生涯规划教育的主力军是职业生涯规划教育指导队伍，然而职业生涯规划教育又涉及管理学、心理学、社会学等专业内容。当代大学生在就业以及对职业的规划方面要求非常迫切，这使得高校必须拥有一支专业化、职业化、专家化、科学化的职业生涯规划的指导教师队伍。这将对高校“以人为本”开展大学生思想工作及学生成长成才有着极大的促进作用。

2. 培养职业生涯规划的意识

大学生职业生涯规划意识的培养是大学生职业生涯规划教育得以发挥作用的内在动力，是高校提高人才培养质量的重要环节之一，需要高校教育教学各部门通力合作。培养大学生职业生涯规划意识，需要指导大学生做好职业生涯规划，进一步明确目标、细化计划、落实行动，有助于引导大学生形成科学的世界观、人生观、价值观，有助于高校良好学风、校风的形成，有助于学生工作的顺利开展。

3. 贯穿大学始末的职业生涯规划教育

我们应将职业生涯规划内容纳入课程体系当中，从大一刚开始便可设置相关内容，在原有的就业指导课程的基础上再开设职业生涯规划的课程，把职业生涯规划理论与实践的内容贯穿大学四年。学校根据形势的发展变化，可以不断调整、改进和完善。

4. 提供个性化的职业生涯规划服务

每个大学生都是独立的个体，都有其独特的个性，不满足于仅有的统一普遍的职业生涯规划服务，大学生需要根据自己的喜好、性格、特长等方面的因素，明确自身的定位。同时，高校需要通过职业测评、心理测试以及对个体的沟通了解、咨询、指导等手段加强对学生的认识与了解，为其职业发展提供服务。

5. 开展多样的社会活动

一般来说，大学生应重点培养满足社会需要的决策能力、创造能力、社交能力、组织管理能力，以及自我发展的终身学习能力、心理调适能力、随机应变能力等。高校应拓展与外界的联系，加强与企事业单位的合作，搭建平台，满足大学生对社会实践的需求；学生应该在学校的支持下，有意识地通过参加各种实践活动，理论联系实际，培养自己适应社会和工作的能力，为参加工作打下坚实的基础。

三、大学生职业生涯规划教育体系的构建

构建大学生职业生涯规划教育体系，应该从组织体系、运行体系和评估体系三个方面来建立和完善。首先要完善职业生涯规划教育的管理体制和师资队伍建设，其次要建立和完善职业生涯规划的教育体系和服务体系，最后要通过建立评估和反馈机制来保障职业生涯教育体系的运行和实施，使得大学生职业生涯规划教育体系获得健康良性的发展。

（一）建立和完善职业生涯规划教育的组织体系

建立大学生职业生涯规划体系，首先要完善组织体系的建设，这是保障职业生涯教育管理与运行的基础。在组织体系建设中，重点是组织机构的建设和师资队伍的建设。组织机构建设要形成全校从上到下、互相配合的模式，要建立校、院两级和相关部门合作的统一管理组织机构。队伍建设要建立学校就业中心和院系的就业工作者和专职辅导员、专科课授课教师、校外专家以及学生等四级联动的教师队伍，同时要保障各个层级职责清晰、分工明确、相互配合。要建立整个队伍的培养培训、职称评定、奖惩考核等各个机制，保障整体教师队伍的有效运转。除了组织机构建设和队伍建设外，还应有充足的经费支持保障职业生涯教育的运转。要建立长效机制，不断完善组织机构的建设，提高师资队伍的质量和水平，让大学生的职业生涯规划教育实现全员化、全程化和专业化。

1. 完善职业生涯规划教育组织的管理模式

（1）明确大学生职业生涯规划教育领导小组职责。高校职业生涯规划教育领导小组的成员可以由主管教学和学生工作的校领导、就业指导中心、学生工作部、教务处、团委、研究生部等相关部门负责人组成，他们的具体职责如下。

职责一：制订学校的职业生涯规划教育实施方案。学校大学生职业生涯规划工作领导小组以学校办学特色和人才培养目标为基础，综合本校学生的专业特点和教育优势，制定出全校各相关部门的工作职责和工作目标、职业生涯教育的教学内容和教学目标等，同时保障教学活动的正常运行，保证经费的充分提供和有效运转。

职责二：检查和督促职业生涯教育的全过程。职业生涯规划教育领导小组一方面要评价职业生涯教育实施过程中的效果，另一方面要监督大学生职业生涯教育的实施过程、执行效果，并给予必要的保障和支持，以保证职业生涯规

划教育的正常开展，以及各个机构的有效运行。

职责三：修正和完善职业生涯规划教育体系。领导小组要根据职业生涯规划教育全过程的评估和反馈，不断完善职业生涯规划的教育体系，结合社会需求、学生的满意度，探索符合本校学科特色和专业特点的生涯教育新模式，让职业生涯规划教育的效果达到最佳。

（2）完善和发挥就业指导中心职能。学校的毕业生就业指导中心（就业办公室）应该发挥更多的功能，完善大学生职业生涯规划指导与教育的功能，提供职业生涯咨询与辅导、职业测评、职业发展评估、职业生涯规划实践训练等工作职能。主要职责如下。

职责一：负责建立完善职业生涯教育的工作队伍。虽然各高校都建立了就业工作队伍，但生涯教育的职能并不完善，很多指导教师缺乏专业性和系统化的培训，不能满足大学生职业生涯规划教育的需求。因此，就业指导中心应该进一步完善职业生涯教育的师资队伍，可以通过组织教师参加校外的专业化培训、校内职业指导教师之间的工作分享，提高业务水平。这能够让教师具备专业的理论水平和丰富的实践经验，从而指导学生进行自我评估、职业选择，更好地培养学生认识社会、发展自己的自主意识和能力。

职责二：开展工作坊辅导和一对一咨询。在建立职业生涯规划课程体系的基础上，就业中心还要针对不同群体学生的需求，定期举办职业指导的工作坊辅导和个体咨询，指导学生进行生涯规划、简历制作、面试技巧学习、就业信息搜集，解决个体学生在职业生涯发展中遇到的各种疑惑，帮助学生找准职业目标，做出正确的职业选择。

职责三：建立就业信息服务体系，不断开拓就业市场。就业指导中心应该为学生搜集更多的就业实习信息，与合作的单位企业保持密切联系，不断拓展就业市场，为学生举办综合双选会、周招聘会、专场宣讲会等活动，为学生和企业搭建沟通、求职的平台。根据市场发展的需要以及本校学生的生源和专业特点，就业中心还应该结合发展需要，不断更新企业目录，严格审核用人单位资质，为学生挖掘更多岗位，完善就业信息的服务体系。

职责四：构建职业测评体系，建立生涯规划电子档案。就业指导中心要结合本校学生的特点开发适合学生的专业职业发展的职业测评网络系统，同时要不断维护和更新网络平台，保证学生能够及时进行网络自我测评、职业评估等测试，然后结合每个学生自身的测评结果，建立个人的职业生涯规划的电子档案。这样学生可以随时监测自身的职业生涯发展状况，不断进行反馈和修正，进一步提高职业生涯规划的效果。

职责五：建立毕业生的求职状况与就业质量的追踪制度，不断修正职业生涯教育的培养方案。通过问卷调查、个体访谈等方式了解毕业生的求职状况和就业满意度，并保持持续的追踪调查，分阶段定期了解毕业生的职业发展状况、工作适应能力、岗位胜任力、工作履行情况、培训晋升等情况，通过对数据的整理与分析，不断了解企业的用人标准、对人才的需求情况，结合毕业生的就业满意度了解学校在人才培养、就业指导方面的优势和不足，从而为学校学科设置、人才培养方案和就业指导服务的完善与改进提供依据，更好地提高学生的职业发展满意度。

（3）教务处要给予更多的支持。教务处要根据学校整体的课程安排和教学目标，制定职业生涯规划课程的课时、学分，制定教学大纲，组织课程安排，构建符合本校专业特色的职业生涯规划课程体系。

第一，组织安排学生进行专业实习和社会实践。负责安排学生进行专业性的实习，建立实习基地，帮助学生了解职业、了解企业。在学生进行专业实践的同时，要安排专业指导教师指导学生的实习，让学生将在课程中学到的理论知识运用到专业实践中去，让学生有目的、有针对性地进行社会实践。因此，教务处要组织具有丰富实践经验和工作经历的教师指导学生，并对指导教师进行专门化的培训和指导，以便更好地让学生在实践中对职业发展有更深刻的理解。

第二，检查和监督教学管理，完善评估机制。教学处应经常监督职业生涯规划教育课程的教学秩序与教学效果，不断评估与反馈，完善课程的教学方式和教学目标。通过收集学生对课堂的反映和对教师的综合评价，完善职业生涯规划课程的评估机制。

（4）学生工作部及团委要发挥更大作用。

首先，指导教师应对学生进行生涯规划教育。除了课程和讲座外，职业生涯规划教育还应该贯穿大学辅导和教育的全过程。因此，学生工作部应联系专职教师对本学院的学生进行个性化的辅导和帮助，要把学生的学习、活动与他们的成长成才、个人发展结合起来，一对一咨询和辅导，解决学生在职业规划方面的疑惑和问题。

其次，应负责组织开展职业生涯规划相关的学生活动。可以开展模拟面试大赛、职业生涯规划大赛等学生活动和比赛，通过比赛的形式提升学生对职业生涯规划的关注和兴趣，调动学生的积极性，让学生参与活动的同时收获知识，树立职业生涯规划的意识，提早做出正确的职业选择，促进学生个人发展。在开展学生活动的过程中，帮助学生获取职业生涯规划方面的知识。

最后，学校团委应该负责组织学生职业生涯规划教育的第二课堂的活动，全面提高学生的综合素质和能力培养工作。团委应该与更多的企业单位、社会团体、志愿服务机构合作，邀请乐于从事职业生涯教育和社会实习指导的校外专业人士指导学生第二课堂的活动。团委要积累更多的社会资源，多渠道为学生寻找第二课堂的实践机会，增强大学生就业竞争力。

2. 建立高素质专业化的教师队伍

在高校建立一支高素质专业化的教师队伍，可以通过以下三个渠道来实现。第一，高校可以根据本学校的专业特色和学科特点，在全校范围内挑选具有人力资源教育、管理学、心理学、职业指导专业背景和特长的教师组建专业化、高水平的职业生涯指导教师队伍，这些教师除了要具备职业指导教师的理论水平外，还要知识丰富、综合素质高，最好具有丰富的社会实践经验和工作经历。同时，组织教师参加进修和培训，增加教师和辅导员交流分享的机会，让教师在提高理论水平的同时更加了解学生的特点和需要，让教学更有实效。第二，对学校现有的专兼职辅导教师进行全面专业的培训。专职队伍包括学校就业办公室的工作人员和进行就业指导与生涯规划教育的专职人员；兼职队伍包括各学院主管学生工作的副书记、就业工作专职辅导员以及班主任。加大培训力度，让他们在具备丰富的学生工作经验的同时提高理论修养和业务水平，运用专业知识和职业测评、心理测验等手段将职业生涯教育贯穿学生工作始终。第三，充分挖掘校外资源，选择口碑好、理论水平高的职业生涯规划教育专家以及企业人力资源经理，组成学校职业生涯规划专家队伍。让他们来学校举办讲座，为学生讲授职业生涯规划学科前沿实用性强、操作性强的指导和咨询，成为学校职业生涯教育教师队伍的有力补充，提高大学生职业生涯规划教育队伍的整体素质。同时，高校的职业生涯教育要充分发挥大学的教育职能，要想建立经验丰富、专业性强、文化素养高的队伍，需要进行系统的培训和建设，并且不断开展日常咨询、专业辅导、课程讲解、就业指导服务等工作，使生涯教育与指导的教师队伍更加系统、科学。

（二）建立职业生涯规划教育的运行体系

大学生职业生涯规划教育的运行体系是整个体系的核心，在职业生涯规划教育中发挥着中心作用。运行体系的构建包括教育系统和服务系统，所有职业生涯规划教育体系的运行都要以这两个系统为核心，这样能使职业生涯规划教育的效果发挥到最优。

1. 构建运行体系的教育系统

教育体系是职业生涯规划教育运行体系的重心，是实现教育全程化和全员化的主要渠道，具体包括第一课堂和第二课堂的建设，而教育体系建立的首要前提就是第一课堂的构建，主要是职业生涯规划教育课程的开设和运行。课堂是大学教育的主要阵地，对学生的培养和成才有着非常重要的作用，职业生涯规划教育的课程可以通过必修课、选修课、专题性讲座等多种形式，根据不同年级、不同阶段、不同专业学生的特点，有针对性、有的放矢地安排教学任务。要充分发挥课堂教学覆盖广、快速直接、多层次的特点，实现大学职业生涯的全程化、全员化发展。在教学形式上，可以采取多种教学手段，如职业测评、心理测验、游戏活动、引经据典等方式，激发学生学习的兴趣和主动性。在第二课堂的建设中，要充分结合学生所学的理论知识，通过理论联系实际，指导学生有目的、有针对性地进行实践活动，让学生在实践活动中正确、客观地认识自我，找准职业发展方向，促进求职就业能力的提升，完善自我发展。

（1）建立大学生职业生涯规划教育课程体系。建立大学生职业生涯规划教育体系的重要任务是课程建设。构建一套全程化、全员化、多层次、专业化的课程体系对于整个职业规划教育体系的建设是非常重要的。课程建设应该结合整个大学生职业生涯规划教育的内容和整体目标，同时结合本校学生的特点与需求，以人为本，全程化与全员化结合、专业化与多层次结合，注重学生综合素质、通用技能、情商情绪等多方面能力的培养，理论联系实际，让学生在上学期间了解社会、了解职业，做好心态、知识、技能等各方面的准备。第一，在课程设置上，应考虑开放性、专业性、实践性、实用性的特点，课程可以包括对大学生活的适应与发展、大学学涯规划与指导、心理健康教育指导、职业生涯规划与指导、就业技巧辅导、就业政策与法规培训、职业发展与职业适应、职业规划测评等。同时，学校还可以依托本学校的专业和学科特点，利用多种渠道和资源开展职业生涯规划的实践活动、职场模拟等课程。第二，除了本校的资源外，还可以利用社会上的资源优势来不断完善和补充大学生的职业生涯规划教育的不足。学校可以结合社会上用人单位的需求，不断更新和改进职业生涯规划的内容。一方面，可以充分利用校外专家和企业人力资源经理的资源优势，一方面可以取长补短，把有着丰富工作经验，并经历过职业生涯规划、生涯历练的企业人士的经验纳入课程当中，可以使得课程保持更好的实用性、前瞻性，使得学生能够获得来自社会实践的第一手信息；另一方面，通过不断与校外专家、企业员工的沟通，可以弥补校内职业生涯规划教师队伍社会实践经验的不足，进一步提高校内教师队伍的素质。

因此，大学生的职业生涯规划教育课程应该是一个连续性与阶段性相结合的过程，要根据不同年级、不同时期的学生特点，分步骤、分阶段地为学生进行生涯辅导，可以按照年级的阶段进行，具体如下。

大一为生涯探索期教育，是自我探索初期。在专业基础课程和大学生思想道德修养和法律基础课程的基础之上，职业生涯教育工作者要注意讲授职业生涯规划的初级课程。这样做有两方面好处：一方面，帮助学生发挥主观能动性去积极地适应大学的学习和环境，明确目标和任务，这能够让他们合理安排自己的大学生活，并尽快适应大学；另一方面，这样做也可以强化学生对自己的专业的认知和基本了解，帮助他们掌握自己所学专业的培养方向和对口就业单位，从而在提高学生认真学习本专业的兴趣和动力方面起到很大作用。教师还要初步培养大学生职业生涯规划的意识，让学生了解学业生涯和职业生涯规划的不同，掌握理论的相关方面知识。此外，教师应该帮助学生进行学涯规划中的自我探索，通过学生的适应发展教育，让他们树立正确的人生观、世界观。让学生进入自运营状态，主动去了解自己所学专业、专业的发展方向和就业去向，增加学生对学习的兴趣和积极主动性。在学生主动学习专业知识的同时，可以引导学生通过一些活动或者职业测评正确评估自身，结合专业所学初步规划自己的职业方向，让学生在大一阶段就有具体的学涯规划。

大二为生涯准备期教育，是学生发展自我的重要阶段。在开设职业生涯规划的高级课程的同时，教师要开设心理学、能力素质培养的相关课程。在学生学习了职业生涯规划的理论知识，了解了职业生涯规划的步骤和方法后，教师要进一步引导学生正确、客观地评估自己，结合自己所学知识参加社会实习和实践活动，进一步了解社会需要，不断反馈和评估自己的职业价值观，进一步修正学涯和职业生涯的规划。大二时期，教师要教授学生职业素质培养的相关课程，训练学生的各种能力素质，如情商培养、沟通表达能力、写作能力、人际交往能力等，提高学生的综合素质和就业能力，提高竞争力；同时，要开设心理学相关课程，教育学生在适应了大学生活后，对未来遇到的各种困惑要正确对待，调整心态，要增强主动性和自信心去探索工作世界，为下一步实施就业计划做准备。

大三为生涯定向期教育，是学生确立就业方向的重要阶段。大三阶段，教师应该为学生讲授与就业指导相关的课程，同时要结合职业素质培养的相关课程。此时的学生已经基本明确了自己的职业目标和发展方向，并且开始学习专业课程，具备了所学专业的理论知识和基本技能，因此教师要进一步为学生讲授社会需求和就业形势、学生所学专业今后的就业方向和对口行业企业的发展趋势，帮助学生进一步明确自己毕业后的选择，如考研、出国、找工作等。要针对学生的不同选择进行有针对性的教育和辅导。对于考研的学生，要帮助他们正确评估自身的兴趣和志向，确立学习专业和方向，做好考研的培训、学习计划，调整好心态；对于出国留学的学生，要指引他们结合自己的志向选择留学的国家、学校和专业，让学生了解申请出国留学的步骤和方式；对于找工作的学生，要进行简历制作、面试技巧、信息搜集、就业政策、就业流程以及相关法律法规的辅导，同时要结合面试指导工作坊、模拟面试、社会实习等实践活动强化辅导效果。教师还要进一步培养学生的职业素养，鼓励学生考取目标职业的相关资格证书，增加自己的技能和特长，为大四求职做好准备。

大四为生涯预备期教育，是就业的实施阶段。经过大学期间的学习和实践活动，学生应进一步明确毕业方向，制定目标，为自己就业、深造主动搜集相关信息，制作简历，参加双选会和宣讲会，掌握面试技巧。应强化学生自我保护意识，使其遵纪守法、诚实守信，熟悉法律法规、政策决策，帮助他们学会用法律的武器保护自身权益；要帮助他们尽快具备适应社会的能力，尽快实现从“学生”到“职业人”的转变，要摆正心态、建立合理期望值，要从基层做起、从小事做起，勇于承担、乐于奉献、与人为善，要学会沟通、学会忍让，不断从职场中学习总结，不断完善自己。在这个阶段，教育者应该注重进行考研、择业等方面的专门指导，应注意引导毕业生尽快地实现角色转换，尽快去适应社会。教育者的主要工作是提供招聘信息，为学生提供咨询服务，及时给予学生求职指导，帮他们修正自己的就业目标；辅助工作是举办一些关于就业政策、就业指导的专业讲座，积极在校园组织毕业生招聘会和双选会，为毕业生的求职就业营造一个良好的环境。另外，教育者还应该注意指导毕业生参与社会实习，积累自己的实践经验，引导毕业生逐步实现从学生向社会人的角色转换。

（2）完善职业生涯教育的实践活动体系。第二课堂的内容主要是学生活动和社会实习实践，职业生涯规划教育的实践活动要秉持实践性与实用性、整体性与个性化相结合的原则，要让学生把在课堂上学到的理论知识与实际结合起来，让学生认识社会、了解职场，通过社会实践深入掌握所学知识，在实践中解决自己在学习中的困惑，不断修正自身认知的偏差，从实践活动中进一步认识自己，准确定位、全面发展。具体来说，实践活动可以按照职业生涯规划的步骤，从以下五个方面来进行。

其一，自我评估活动。可以让学生通过职业测评、自我测验、角色访谈、自我发现等渠道来搜集信息，从而评价自己的气质类型、性格特征、兴趣爱好、特长技能、职业价值观等，让学生了解自己最适合的工作、想要从事的职业，建立自己的职业生涯规划档案。在此过程中，可以让就业中心教师、院系专职辅导员以及班主任指导学生评估自己，对自身全面认真地进行分析，回顾自己的教育经历和生活经历，从中找出共同点和关键词，以此总结出自己的职业价值观、兴趣爱好和特长、自我发展的需要。经过这样系统全面的测试、评价、分析与总结后，学生能够对自身有较为全面、客观、完善的定位与评价，为进一步制定目标奠定基础和保障。

其二，环境分析活动。自我评估完成后，可以让学生通过参加社会调研、社会实习与实践以及搜集信息等方式了解社会环境，既包括国家政治制度、社会发展、经济文化水平等宏观环境，又包括自己想从事职业的行业环境与企业环境。通过环境分析活动，让学生了解实现自身职业理想所要考虑的客观因素，思考如何适应或者改变这些因素对自己进行职业生涯规划的影响，并且让这种影响降到最低。

其三，目标制定活动。要让学生结合自我评估和环境分析来考虑自己的职业理想、职业目标，并制定出长期、中期、短期的职业生涯目标。制定目标能够让学生正确评估自己的职业兴趣、职业倾向，并结合环境因素可能造成的影响，对自己所学专业进行进一步的了解、分析，初步选择出自己理想的职业发展方向和目标职业。

其四，实施规划活动。要让学生在确立自己的职业发展方向并制定出长期、中期、短期的目标后，结合自己的学习生活，并充分参考家长、辅导员、指导教师以及高年级学生的意见，为自己制订出一系列的实施方案，如学习计划、培训计划、进修计划、实习计划等。同时，要将这些计划进行目标分解，将它们分成毕业后、大学期间、各个年级以及各个时期的具体实施方案，让这些目标能够被一步步地实现，直至最终实现长期目标。

其五，反馈修正活动。职业生涯规划的实践过程是一个再认识、再发现的过程，因此要通过反馈与修正逐步完善职业生涯规划。大学生要根据对自己的不断认识、对评估的不断修正、客观因素的变化等不断改变自己的职业目标、实施方案，这样才能使目标和方案更实际、更能适应社会发展，从而进行不断完善自己、适合自己发展的职业生涯规划活动。

2. 构建运行体系的服务系统

除了教育体系的建立外，大学生职业生涯规划教育运行体系的服务系统的构建也是非常重要的，它体现了学校对学生生涯教育与就业指导的服务功能。

（1）辅导与咨询。小团体辅导和一对一咨询是对教育体系的有力补充，是服务学生的重要体现，是生涯辅导个性化的体现。除了普及式、全员化的职业生涯课程外，学校对学生进行个性化的辅导，可以帮助学生解决个人在生涯发展方面存在的困惑，让学生正确认识自我，明确目标，最大限度地发挥其主观能动性。因此，高校要安排专业的职业咨询师对学生进行一对一咨询，提高服务水平，通过开展团体辅导工作坊、小型经验交流分享会、一对一咨询辅导来提高学生的自我认知水平。此外，还应关注一些特殊群体，提高职业生涯规划辅导的有效性和针对性。

（2）就业信息提供。可以通过走访用人单位、走访人才市场等方式收集信息，不断提高就业信息的数量和质量。在收集信息的基础上，要对信息进行分析和整理，将这些信息分类，按照专业需求、行业分类、地区分布等方式归类，建立就业信息档案，为学生根据自己专业、兴趣和目标查询就业信息提供服务和便利，提高大学生找工作的效率，帮助学生借助就业信息了解社会需求和企业需要，提早确立职业目标。

（3）网络建设。根据大学生的身心特点与生活习惯进行网络建设是职业生涯教育非常有效的途径。鉴于此，学校要更加注重对就业网络的利用。对大学生的职业生涯规划教育可以通过互联网的优势建立职业测评系统和交流互动平台，完善生涯教育与辅导的方式，让职业生涯教育无处不在，全面覆盖。可以借助微博、贴吧等交流互动平台，增进教师和学生、学生和学生之间的交流互动，进一步完善职业生涯规划教育的全员化和个性化相结合的模式。

其一，职业生涯规划测评系统。职业测评即应用心理测试技术，对学生的职业领域的素质进行客观、科学、标准的系统测试和评价，从而为组织和个体两方的职业管理提供参考依据。

①职业测评系统。该系统有助于指导学生了解其个人兴趣、职业能力以及职业倾向，还可以评定学生的个体特征和动机需求，并提供他们在优势、不足及发展等方面的建议。可以说，学生可以在这种职业测评系统中通过测试得出结果，而后系统对结果自动进行分析，形成评估报告。在系统的建设上，学校可以建设专门的职业测评室，配备相应的软硬件设备，并配有相应的专业指导教师指导学生完成测评，解读测评分析报告。

②职业规划系统。此系统是在职业测评的基础上，由专业的指导教师根据学生的测评数据和评估报告，指导学生进行职业生涯规划设计，在系统中模拟演练和实施职业生涯规划的步骤，进一步对学生的个性特点、兴趣爱好、工作价值观等自我认知进行修正和反馈。可进行兴趣测试、EUREKA 技能问卷、MBTI 人格测验和职业锚价值观测验，可运用的工具包括职业技能分类卡、结构化的工作清单、发展清单、访谈、观察技术、工作追随等。

其二，论坛、微博、贴吧等互动交流平台。除了网络测评系统外，学校还可以充分利用网络平台的交流功能，借助论坛、微博、贴吧等互动交流平台，多种形式地满足学生的个性化要求。让学生通过与教师的沟通交流、与同学之间的经验信息交换，接收更加多样化的信息。学校的就业中心可以建立论坛、微博，发布就业实习信息，解答学生在职业发展和求职过程中的疑惑。通过互联网的交流平台，同学之间也可以互相交流，互相传授面试经验，进行职业发展等相关话题的交流和讨论，提高学生获取信息、接受咨询辅导、汲取经验教训的范围和效率。通过话题的交流与讨论，学生可以增强对职业生涯教育的关注度，提高求职就业能力，在大学学习期间、职业发展道路上少走弯路，促进个体发展，实现职业理想。

（三）构建职业生涯规划教育的评估体系

大学生职业生涯规划的评估体系是检查与评价职业生涯教育质量和效果的有力保障。建立科学严谨的评估机制是促进大学生职业生涯教育不断完善和发展的重要手段。职业生涯教育的最终目的不仅是让学生成功地找到工作，还包括更好地提高学生就业质量。要关注学生的终生发展教育，让学生在满足自身物质方面的基本需求后，形成和发展职业理想，进一步提升学生更高层次的需求和满足。因此，评估体系的建立要从以下三个方面来考虑。

1. 职业生涯规划教育体系的评估要全方位、多角度

职业生涯规划教育体系的评估要从全方位、多角度来进行调研、监督和反馈，从在校学生、用人单位、毕业生三个角度出发，衡量如课堂效果、师资水平、功能结构、服务质量、工作内容、软硬件等多方面的因素，保证职业生涯规划教育的评估体系全面和完整，以更好地保障和促进生涯教育体系的正常运行和发展。

2. 建立健全职业生涯教育体系的监督机制

学校要定期进行自查，从自查中找出问题和不足，在分析总结经验教训的基础上不断完善职业生涯教育系统的建设。同时，还要接受上级主管部门的监督和检查，以更好地督促学校职业生涯规划系统的建设。

3. 职业生涯规划教育评估体系要结合社会的发展与时俱进

职业生涯教育评估体系还要结合社会经济的发展状况、社会需求不断进行完善和修正，要把社会的评价标准引入评估体系，让评估体系与社会的发展联系得更紧密，这有利于促进职业生涯规划系统的良性发展，使得职业生涯规划教育更符合社会发展需求，让学生的职业理想与社会的发展相适应，更好地促进大学生职业理想的实现。

对高校大学生职业生涯规划体系的构建不是一朝一夕就能实现的，它是一个不断实践摸索的过程，而且该体系也将受到政治制度、经济发展和教育文化等多方面因素的制约，因此构建体系的过程应该是各方面因素相互融合的过程。另外，在对学生进行职业生涯辅导时，必须要坚持与国家的教育事业指导方针相一致，坚持社会主义核心价值观，并在此前提下进行职业生涯辅导的理念、核心内容、方法载体等的构建，只有这样，该体系才能有机地融入我国的教育体系。

职业生涯规划教育是一项系统性的工程，是一条艰苦卓绝、艰辛漫长的发展道路。因此，职业生涯教育体系的建立与完善需要国家、社会、高校的共同关注和高度重视，相关政府机构、职能部门、教育主管部门和学校要达成共识、齐抓共管、密切配合，明确各自目标和任务，不断地进行摸索与实践，开创行之有效、健康发展的大学生职业生涯规划教育体系新局面。

第二节　大学生职业生涯规划教育服务机制

一、大学生职业生涯规划教育服务理论基础

职业生涯规划教育理论先体现在就业指导的理论研究中，就业指导方面的理论研究有很多成果，而且这些成果已经经过了实践和理论的检验。在 20 世纪 60 年代我国已经有许多专家开始关注职业生涯发展的规划与探索，对涵盖职业生涯发展的不同阶段的大学生的职业倾向性以及职业选择的目标方法等进行深入的理论研究，提出了许多有益的理论学说。职业生涯规划教育理论在产生并成熟的过程中经历了实践的不断淘洗与检验，一些学者提出了具有广泛影响的经典理论，从而为研究此方面内容的学者提供了十分有益的参考和借鉴。笔者希望能够发现这些基础理论研究在我国发展的土壤，从而为大学生职业生涯规划教育提供具有实质性的理论支持。

（一）思想政治教育理论有效提高大学生职业生涯规划教育服务质量

马克思主义关于人的全面发展理论认为，人的全面发展包括人的需要的全面发展、人的素质的全面发展、人的本质的全面发展。职业生涯规划教育就是为了促进大学生的全面成长成才而努力。由此可见，马克思主义关于人的全面发展的理论能够帮助大学生职业生涯规划教育确定教育目标和方向，让学生按照成长规律成才成长。

马克思主义价值观的认识作用、激励作用、凝聚作用和调节作用对学生的成长成才具有非常重要的影响。大学生思想政治教育中的价值观教育能够帮助学生树立正确的择业观。理想信念是人的世界观、人生观、价值观的根本表现，也是大学生思想政治教育的核心内容。大学生正处在世界观、人生观和价值观形成的关键时期，如果缺乏科学远大的人生理想和坚定的社会主义信念，他们的职业生涯规划必定无法实施。所以，马克思主义价值观理论能够帮助职业生涯规划教育明确方向。

（二）生涯发展理论为大学生职业生涯规划教育服务定位

舒伯根据年龄将人生阶段与职业发展相结合，将人的生涯分为成长、探索、

确立、维持和衰退五个阶段。每个阶段具有不同的特点和任务要求。

舒伯的划分带有绝对化，事实上每个阶段的时间并不是明确而绝对的，同时根据个体差异及环境差异，有的阶段会提前或延后，有的阶段甚至不会出现，有时还会做重复性的阶段运动。大学生的年龄阶段横跨探索与确立的时期，这主要是使他们了解发展自身的个性爱好，帮助其提高学习和实践的能力水平的时期。因而，大学生职业生涯规划的准确程度对其后期的整个职业发展路径具有极其重要的作用。

（三）职业性向与生涯选择理论帮助大学生选择职业

霍兰德提出的职业性向理论具有广泛的社会影响，是最有影响力的职业生涯规划理论之一。

霍兰德的专业测评工具对个人的分析和理解具有广阔的应用前景，能够为学生在大学生活中更好地了解自己的需求提供丰富齐全的信息资源。因此，就业指导应根据这一理论，引导学生对自己的兴趣、能力、职业进行客观的评价，帮助其知晓自己隐藏的个性特征以及人格特征，从而找到属于自己的职业范围。

施恩的职业锚理论认为，职业生涯的发展并不是一成不变的，它将随着个人与社会的发展不断地得到开发与发生变化。而在此过程中，每个人都能够按自己的天资、特征、目标等逐渐形成明确的和自我职业发展有关的意识。而当个人对自己有所了解之后，就会有一种主要倾向的职业方向。施恩通过研究总结出了数种有效的职业锚，分别是技术 / 职能型、管理型、自主 / 独立型、安全 / 稳定型、创业型、服务型、挑战型、生活型。

职业锚的理论与霍兰德的职业性向理论有所不同，前者重视职业的目标定位；后者注重测试个人的兴趣、能力以及职业性向，知晓自身的人格特征，从而能够为自己框定一个具体的职业范围。不过这两个理论虽有所不同，但归根结底都与个人的差异性及职业方向的相互匹配基础理论相关。职业锚理论意味着在目前大学生职业选择的过程当中要考虑的因素太多且太不稳定，将受到待遇、地点、职业声誉以及传统观念的影响。而这也显现出大学生职业锚探索与定位环节上的弱势。随着就业形势的紧张，学校用这种理论进行引导和教育具有重要且积极的作用，同时也能真正为学校提升就业率。当然，对理论的应用不能一蹴而就，需要长期的摸索。这就需要大学生职业生涯规划教育尽早主动地融入，运用这种理论有效进行职业生涯规划与就业的指导，从而帮助学生个体找到自己的职业兴趣与职业目标。

（四）胜任力素质模型理论为大学生职业生涯规划指引方向

胜任力素质模型的应用始于20世纪50年代初期，由哈佛大学教授麦克里兰设计，旨在有效预测人才的胜任力素质，区分个人的实际能力。胜任力素质模型是人力资源领域的一个全新视角和有力工具。这种方法对现代人力资源具有重要意义，原因是其通过将某一个岗位胜任力素质模型建立出来，并辅以详细的说明，能够使人力资源管理者把握全局，优化人力资源管理的资源配置。

胜任力素质模型有利于高校有目的地提升学生的综合素质，一些隐性的心理素质培养容易在学生教育中被忽视，而这些素质又对个人的职业生涯发展有非常重要的影响。因此，高校可充分利用这一素质模型，评量学生的胜任力素质，从而促使它有效提升核心就业竞争力。

二、大学生职业生涯规划教育的现实要求

（一）社会要求对大学生进行职业生涯规划教育

近年来，我国的大学毕业生人数以每年数十万甚至上百万的趋势激增，2022年我国高校毕业生人数首次突破1000万人，达到了1076万人，比上年增长167万人，规模和数量史无前例。尽管经济社会的大力发展促使市场对毕业生源热捧，但是由于高校教育的普及化，学生人数的增长速度超过了市场的需求，从而使得整个教育的发展赶不上社会的发展。在现有的情况下，许多重点大学的毕业生就业形势较好，但是其他大学却不尽然，而这显然存在着许多不合理的地方。在此情况下，高校应当先重点强调职业生涯规划教育，虽然这不能直接产生就业效果，但是体制化的职业生涯规划教育能够帮助学生在四年的学习期间，阶段性地提升自我能力，并对自身定位清晰，为就业做良好的准备。而对于企业而言，在人职匹配的理想状况下，企业与劳动者能够双赢，从而能够提高劳动者对企业的贡献度，提高就业的稳定性，这对社会安定及自己的人生价值具有至关重要的现实意义。

（二）大学生个体成长需要接受职业生涯规划教育

大学生自身的发展与成才成长都非常需要接受职业生涯规划教育。一方面，职业生涯规划教育能够帮助学生明确大学阶段的发展方向和学习目标。学生在高中阶段处于较重的学习负荷下，考进大学之后会松一口气，认为自己终于达成目标及理想，因而对学习的相关要求也变得放松。再加上大学的学习环境及自由化管理，学生的学习主要依靠自己的自制能力。学生在这种状态下经常对

自己的发展目标感到模糊。大学生职业生涯规划教育能够使学生将大目标分解成各个小目标，从而有助于促进学生的成才成长。另一方面，职业生涯规划能够消除大学生目前存在的一些误区。除了就业市场的激烈竞争以外，一些高校毕业生无法正常就业的原因与其自身的意识观念以及职业价值观具有重要关系。例如，某些大学生将工资待遇放在首位，却忽略了自己的能力水平及素质，或目光短浅，较少关注到某一企业未来的发展前景，这不利于他们的发展；某些学生只愿意去大城市、发达城市和沿海城市，对小城市和西部地区城市嗤之以鼻；另有一些学生由于对自身缺乏正确的认知，在就业前常常毫无目标，不清楚自己想要什么，不知道自己应当做些什么，故而在选择职业的时候也经常存在非常大的盲目性。这些问题都是会造成高校毕业生就业未能成功的重要原因。为使学生毕业时能够较快地顺利就业，应当对其进行职业生涯规划教育，帮助其树立正确的职业目标与职业价值观。通过职业生涯规划教育，学生能够有效认识自己的个性特征和优势，全面定位自己的价值，避免出现得不到较好的职业，又不愿意接纳较差的职业，未能把就业目标确定在自己兴趣与能力相匹配的职业上的情况。

职业生涯规划教育还能够帮助学生发掘潜能，提升自身的核心竞争力。职业生涯规划教育能够使学生充分了解自我，帮助学生运用科学的方法和措施了解自己与职业世界，鼓励学生学习各类知识技能，参加有针对性的培训，发挥自身的优点，避免一些缺点，扬长补短，更好地提升自我。事实上，学生在职业生涯发展的过程中经历的所谓的职业竞争就是自身综合素质的竞争。用人单位不会接纳一个毫无职业理想、工作懒散、没有创新与开拓精神的员工。因此，职业生涯规划教育能够提早帮助学生了解用人单位的用人标准（包括品行、能力、性格特征等），从而有的放矢地制定合理的规划，并能够成功实现规划，挖掘自己的潜在能力，提升自己的全面综合能力，有效提升自己的就业核心竞争能力。

三、大学生职业生涯规划教育服务机制创新

（一）由临时性的指导转变为教育常态化机制

1.从就业指导到生涯规划教育服务

我国一些大学长期以来轻职业生涯教育，重就业率，忽略了学生本身是受教育者的特性，对于他们未来的职业生涯教育也缺少足够的发展动力和发展眼

光。而且，这本身是一门综合和对实践要求很高的学科，但我国大学生职业生涯教育的团队很多并不专业，服务学生就业工作的队伍结构也参差不齐，服务学生就业工作多由学校的辅导员兼任，在很大意义上，我国职业生涯教育仍然停留在就业指导的层面上，仅重视临时、短期的就业指导。

一方面，大学生职业生涯规划的重要价值在于其具有重要的教育与指导意义，也就是说应当关注学生的学习发展和可持续性调整。另一方面，从实现人力资源效益最优化的角度而言，将个人的理想、性格、兴趣、爱好和职业类型进行匹配是目前个人、社会和家庭普遍追求的目标。因此，求职前的教育指导和生涯规划教育是学生人生发展的重要环节。

谈到大学生职业生涯规划，不应当将就业指导和生涯规划分离，而应当重视两者的统一结合。换言之，高校的职业生涯规划应当包括职业规划、职业生涯规划以及生涯规划这三个重要的因素。职业规划关注的是临时的、近期的一些具体职业问题，职业生涯规划重点把握长远的发展问题，而生涯规划主要是关于人的一生发展的问题。大学生职业生涯规划设计就是处理好短期目标与长期目标的关系，最终达成自己的理想和价值。

2.从临时性的就业指导到常态机制化

许多大学的就业服务并没有形成常态化机制，由于专业人员较少，教职辅导人员与学生之间的比例不相协调，大部分的就业服务具有滞后性。高校典型的就业指导服务就是集合毕业生举办一次就业指导会议，进行走过场式的就业技能培训和就业注意事项强调，这些就业服务粗糙且缺乏科学合理性。而虽然一些具备一定的职业生涯规划教育服务的高校能够在就业服务上更胜一筹，并具备创新性的团体辅导活动和个人辅导活动，提供面试技巧和职业发展路径指导，但是指导多停留在方式方法上，并没有有效整合各种资源，有效利用各方力量形成一整套完善、多样化的机制。同时，这些看似丰富的活动往往是一次性的，并无有效的跟踪反馈机制。

笔者认为常态化机制至少应当具备以下三个特征。其一，可持续性。所谓可持续性，即某项资源被运用的过程应当是持续进行的，而并非阶段性或零散化的。因此需要先具备完善的政策和制度环境，建立一套完善的考核和评价体系，明确各方权责，从而有效发挥各项资源的作用，形成可持续的信息反馈和资源可循环利用，并形成一整套有效的跟踪反馈机制，及时收集与处理反馈信息。其二，专业性。这需要具备专业化的人才、专业化的知识和专业化的工具。

专业化的人才是科学有效地帮助学生认识自我、评估自我、发展自我的基础。同时这些人员应当至少掌握专业的职业辅导知识，具备较为丰富的职业经验，具备充足的心理学知识，能够获得相关认可。专业化的工具能够帮助学生进行自我测评，帮助其在复杂的职业环境中进行人职匹配，寻找自己的兴趣点和个性，从而有效进行选择。其三，支持服务性。大学生职业生涯规划并不只是需要教育，还需要一种服务的意识。所谓支持服务性，即所有的制度设计都应当本着为学生服务的原则去执行，只有持有这种心态，才能想学生所想，真正为学生排忧解难，为其提供个性化的、专业化的服务。

3. 构建全程化的职业生涯规划教育服务体系

全程化的职业生涯教育服务是职业生涯教育在新的教育阶段提出的新概念，它指的是在整个大学教育期间进行不间断的职业生涯教育，并把其列入学生培养方案，以一定的学分加以保证，持续不断地培养学生的劳动观和职业教育观。实施全程化职业生涯教育可以使学生在掌握知识和职业技能的同时，在对自身个性充分了解的基础上，具备自主选择人生道路的能力。它不仅包括学校教育和家庭教育，还包括社会教育和进入职场后的岗前培训等，要求从幼儿到成人的整个教育过程中，都将传授知识与传授工作和生存方式相结合，最终达到使受教育者理解劳动本身和职业技能的目的。让学生尽早树立正确的职业生涯目标，进而对自己将来的职业做出正确的选择，通过教育促进其人生价值的实现，从而为社会提供适应时代需要的优质人力资源。

舒伯认为，人的职业生涯发展是自身与外界交互的过程，是一个连续不断、循序渐进和无法恢复的时期。他将人和职业匹配，并考虑了这种匹配的动态发展过程，而这也符合事物是发展变化的理论。目前，许多经济发达的国家和地区都开始普及职业生涯规划教育，积累了诸多有益的经验。整个职业规划教育应贯穿人的一生，从幼儿时期开始培养，直到真正踏入工作岗位，每个发展的时期都有不同的职业发展目标。此外，国外职业规划教育更加重视个体化和创造性的培养，尊重个人的选择，帮助大学生实现自我价值，为其寻找到具体的目标定位以及进行具体的实践铺路。在我国，应当从我国的具体国情以及个人的实际情况出发，针对不同阶段的学生的特点，制订不同阶段的全程化职业指导方案，逐步实施，使学生达成个人理想和社会发展的一致理想状态。

（二）加强思想政治教育与大学生职业生涯规划教育的有效整合

1.思想政治教育与职业生涯规划教育紧密联系

思想政治教育与大学生职业生涯规划教育之间存在着重要的联系，主要包括以下三个方面。第一是教学目标一致。两者存在着教育终极目的上的合一，即都希望将大学生培养成对社会有用的人才，从而起到“传帮带”的作用，培养学生的综合素质，促使学生成为社会主义建设者。第二是教育内容的交叉。大学生思想政治教育包括世界观、人生观、价值观等方面的内容。职业道德方面的教育也是生涯规划教育的重要组成部分，具备良好的职业道德的学生能够获得较高的就业能力，所以两者的教育内容有共同之处。第三是教育作用上相通。[①] 两者都是通过一系列的教育途径，根据人的成长成才规律来帮助学生最终成为对社会有用之人。

思想政治教育帮助学生奠定职业发展的人生观、价值观基础。在职业生涯规划教育中融入思想政治教育，有利于增加这一课程的接受性和渗透性。

2.思想政治教育对职业生涯规划教育的作用

思想政治教育能帮助学生认识自我，学生在制定职业生涯规划时，需要先进行自我认知，教师进行思想政治教育时可以抓住这一切入点，与之交流，并适时通过心理教育的方式，使其认识到自己的优点和缺点，从而提升学生的自我认知力、积极性和主动性。思想政治教育的方法很多，应运用各种令学生感兴趣的方法，帮助学生集中目标，完善自我，并且关注社会环境，思考自己在社会中所处的位置。

思想政治教育可在大学生职业生涯规划中发挥积极作用，主要有以下三个方面。

（1）大学生思想政治教育中的理想信念教育能帮助学生树立正确的择业观。理想信念是人的世界观、人生观、价值观的根本表现，也是大学生思想政治教育的核心内容。大学生正处在世界观、人生观和价值观形成的关键时期，如果缺乏科学远大的人生理想和坚定的社会主义信念，就不能正确分辨纷繁复杂的社会现象，最终会偏离人生航向。

（2）大学生思想政治教育中的道德品质教育能帮助学生形成良好的职业道德规范。受经济全球化的影响，西方意识形态和各种功利化的价值取向逐步渗

① 陈春一，高培军.大学生思想政治教育与职业生涯规划的关联性[J].学校党建与思想教育，2010（22）：77-78.

人，学生思想并未完全成熟，容易受到各种不良倾向的影响。在就业竞争压力与日俱增的今天，部分学生为了获得理想的工作岗位，放松了对诚信意识和道德规范的要求。因此，要通过大学生思想政治教育中的道德品质教育，帮助学生形成良好的职业道德规范，培养他们爱岗敬业的奉献精神、团结协作的团队精神、诚实守信的道德品质。

（3）大学生思想政治教育中的心理健康教育能帮助学生提高就业心理素质。就业心理素质是指以先天生理条件为基础，在个体与社会环境教育交互作用过程中形成的对个体就业具有重要影响作用的所有心理品质的总和，是个体合理择业、成功就业、顺利适应职业的心理基础。

（三）构建大学生职业生涯规划教育服务机制的建议

1. 国家充足的经费支持

大学生职业生涯规划的部门机构建设、专业人员引进和整个生涯规划教育的顺利开展都离不开资金的支持。国家相关部门应设立专项教育经费，用于大学生职业生涯规划、辅导咨询、培训服务和软硬件的建设，建立共享性的全国网络系统，强化校与校之间、省与省之间及国家与国家之间的毕业生信息系统，建成区域性或全国性的人才信息网络体系和用人单位的信息资料库。学生可利用网络提高信息的获取速度，同时加快这些信息的传播速度，从而在较为透明的信息数据环境下，达成与企业之间的交流和合作。同时经费投入提升后也有利于有针对性地加强学生的职业技能水平，为学生规划目标的实现创建有益的条件和基础。

2. 采用专业化的职业生涯规划教育服务技术及方法

职业生涯规划的步骤分为了解自我、分析环境、选择职业、有效行动、及时反馈、评估调整等环节。大学生职业生涯规划的第一步是让学生了解自我、认识自己，这种了解自我的内容主要包括对个人兴趣、性格、能力及价值观的摸索和了解。学生虽然目前对自身已有一定认识，对社会也有一定的基础认知，但是整体上的自我认知能力较弱，而每一种职业类型都对不同的心理态度有具体的标准。兴趣爱好等会随着年龄的变化和外界环境的发展而不断变化，而且个人的能力也会随着教育的深入而不断提升，但学生有时候会对自己的能力过度自信或过度消极，在分析自身情况时也往往会出现较大的偏差，而这恰好需要实践经历加以印证。在这种自我评估的实践过程中，专业的测评工具是最好的选择。在国外，职业测评较为成熟，是职业指导中必备的指导方式。目前，在国外较为广泛的理论测评工具有以下几种。

（1）MBTI 人格测验。其通过四个维度提供具体的可供探索的职业，揭示个体对某些特定职业的兴趣比其他职业兴趣强的原因。

（2）霍兰德职业兴趣量表。霍兰德将大多数人格特质归纳为六种类型，又提出六种职业环境模型。他还提出，人的特征类型能够与外部职业环境相适应，而这可以增强职业满意度、带来职业的成就感并提升职业的稳定性，具有十分重要的价值。

（3）施恩的职业锚。第一，教育学生树立正确的理念和理想，能为其寻找并定位职业群提供建议和指导。第二，帮助学生了解自身，知悉自己潜在的一些特征，如个性气质、兴趣爱好、专业技能等，通过对个人的身心特点分析、自我优势分析、局限性判断来进行自我评价，从而能够有效地进行判断和选择职业。第三，了解具体职业的类型，尤其是与自己专业相关的各种职业，再运用其他方式方法进行个人职业能力测试，锁定职业目标。而这些都需要学生运用评价系统或软件进行自我评价，以数据统计分析的形式获得个人的能力和素质，教师对这些结果进行有效的分析和解释，让学生找到属于自己的职业类型。

在初步了解自己最适合的职业类型之后，学生应当制定学习目标，并通过努力学习靠近目标。学生在后期进行自己的职业生涯规划时，可以通过这种方式，确定自己的职业前景，针对这些基础的数据分析结果对自己的未来进行有效的设计，并为之做出相应的准确选择。例如，运用培训学习和实践等手段，为职业生涯的发展奠定有效的基础。

对于胜任力素质方面，超出一般人的胜任力素质是学生得以成功就业的重要因素。学生若具备某企业所需要的胜任力素质，则较容易获得一份职业。对学校来说，利用胜任力素质模型并结合企业职业的胜任力素质要求进行就业指导工作、挖掘培养学生的胜任力素质就显得至关重要。胜任力素质中的潜能部分能够帮助学生将知识技能转变成能力素质，也能推动高校有效地实施其教学计划，具有关键性的作用。学生如果能够对自己的潜在能力、专业技能进行有计划性的发掘，就容易在就业竞争中成功就业。学校还能通过这一方法对学生的胜任力素质潜力进行评价，推动大学生设计出符合自己优势的职业规划，培养其能力素质。如此不仅有利于学生实现自身的发展目标和职业能力，还能为其可持续的发展提供动力，协同个人和组织，促使其成功就业。

3. 建立全方位的"一条龙"生涯教育服务体系

为了使传统的就业指导变为全方位的职业生涯规划服务，应当建立起"一条龙"的职业生涯规划服务，具体包括以下六个方面。

（1）短时咨询。这种方式主要针对一些临时性的问题，如能够在大约十分钟的面谈时间内完成指导的问题。而这种短时咨询主要针对的问题包括向学生介绍就业资源与服务、简历和求职信的制作、面试准备、资源共享、工作实习机会、校园招聘信息、薪资水平估算等。短时间的生涯规划咨询一般可以安排在工作日的下午，进行完简短的指导后，指导者应当做好笔录和记录，根据该学生的实际情况，为其进一步提供长远的建议或跟踪方式。

（2）个人约见辅导制度。此项面谈制度时间较长，辅导的内容也相对较多，范围也较为广泛。这类辅导的内容一般是工作领域、个人特征、长远的职业生涯规划以及遇到的学习规划问题。指导者应当重视这类问题的咨询，争取为学生提供一种常态化的解决方式，并提供有效的规划建议。如有必要，还应当为其提供后续的资源和其他服务。

（3）模拟面试。面试技巧完全可以通过反复的实操练习获得。缺乏面试经验的学生能够在面试练习中得到较大的提升，也能在短时间内获得自信。通过模拟实际的求职面试，学生能够获取面试的成绩和评价，从而在真刀实枪的面试中获得自信，避免误区，提升面试的成功率。

（4）职业测评。职业测评应当得到广泛的应用。学校可以选择几种不同的测评工具进行交叉使用，最好采用系统操作的方式，方便数据的收集与整理。第一，应当形成一份个人的职业测评报告，对其测评结果进行分析并提出测评的建议；第二，学校应当形成一份团体报告，即通过团体性的分析报告获得目前大学生的职业倾向情况，从而为未来的教育服务工作提供更为有效的参考。此外，专业人才还应对这些测评报告有效利用，将其装入学生档案，形成长期跟踪的依据。

（5）简历辅导。简历和求职信是求职者的门面，简历相当于求职者的推销广告书，简历辅导能够使简历一针见血，有针对性地面向各个企业，从而形成创新和竞争亮点，吸引企业，增强其求职的成功率。

（6）社会实践。社会实践既包括学校的实习工作，又包括社会上的实习工作。许多学校忽略了这一体系建立的重要性，从而使社会实践活动流于形式，资源错置，好的更好，而差的则更差。其实社会实践活动完全可以被有效地利用，同时对于大学生而言，又是了解自我、职业和社会环境的绝佳机会。而由于缺乏有效的监督机制和规范政策，一些学生的实践活动没有起到实质性的作用。因此，高校应当充分利用各院系的资源和校友关系，利用社团活动，建立起常态性的实习机制，建立起奖惩制度，督促学生有效进行实习工作。

第三节　完善大学生职业生涯规划教育对策

一、社会方面加强大学生职业生涯规划的对策

（一）营造良好的职业生涯规划氛围

大学生职业生涯规划要想快速发展起来，社会氛围对其有着重要影响，积极向上的社会氛围对于职业生涯规划有着巨大的推动力。要想形成积极向上的社会氛围，第一要在全社会范围内通过各种舆论宣传手段，使学生了解职业生涯规划对其自身发展的重要性。积极向上的舆论宣传不仅能引导学生进行规划，还能够引起高校、家长、学生三方面的高度配合，形成发展职业生涯规划的良好氛围，为职业生涯规划发展奠定基石。第二要加大对职业生涯规划教育的研究支持，提供更多的环境、资金、技术等方面的支持，以期为学生提供科学的设计，使其自身职业生涯规划的理念、方法，促进大学生职业生涯规划的形成。

（二）社会层面为职业生涯规划提供辅助服务

现今社会就业网络内容丰富全面，在大学生群体中的影响也越来越大。政府应该出面协调企业、高校、就业网站，使它们联合起来。政府首先应从宏观上把握人才的走向，如预计哪些地区、项目需要哪一类人才；其次应促进企业和高校的联系；最后通过网站发布、分析职业生涯规划的信息，为职业生涯规划的实施打下坚实基础。国家教育部门可以监督和培训各职业生涯服务机构，还可以提供专业技术人员培训、教育资源共享等技术支持，让全社会范围内的高校和大学生感受到职业生涯教育的经验和成果。职业生涯规划网络能够加强企业与学校的联系，也能够强化各大高校间信息的共享性，使整个社会的职业生涯规划服务体系整合起来，实现规范化、一体化，对职业生涯规划理念的推广起到积极作用。

二、高校方面加强大学生职业生涯规划实践性探索

（一）强化职业生涯规划理念

第一，高校应实现观念转变，从“就业指导”转向“生涯辅导”。高校的就业指导与大学生职业生涯规划辅导的最本质区别在于，高校的就业指导是仅限于在学生面临职业选择时，组织招聘活动、提供相关的信息服务和求职技巧的培训与指导，是就业安置的一个环节，只能起到帮助学生找到工作的作用；而大学生职业生涯规划辅导是融合大学生职业生涯规划和个人的发展，让大学生能通过自我了解、自我规划、自我评价的教育适应社会的快速变迁，能够规划自己的职业生涯发展目标，能够了解社会职业变化的方向。大学阶段是人进入职场前系统的、完整的准备阶段，学生要在职业生涯规划辅导的帮助下客观地分析自身特征，培养自己的兴趣爱好，培养相关能力，为今后的就业、创业奠定良好的基础。

第二，高校在大学生职业生涯规划过程中有非常重要的责任，应从“培养某一类职业的人”到培养“全面发展的人”，学生只有在高校的正确指导下才能很好地对个人职业生涯进行完美规划。因此，针对当代大学生职业理想模糊、职业目标不明确、职业价值观趋于功利化等现状，高校应该树立正确的职业生涯规划教育理念，教导学生如何认识职业生涯，如何根据个人职业理想合理进行个人职业生涯规划，最终达到按照规划进行就业的目标。

第三，大学生职业生涯规划辅导要有一定的针对性。对于不同的专业、不同的职业类型、不同的职业规划目标，要安排相应的有针对性的课程。由于刚刚融入新环境，大多数学生对自己所学习的专业都非常陌生，更加无暇思考自己未来到底要从事何种职业，这时候他们往往缺乏目标。如果高校能够尽早有针对性地进行大学生职业生涯规划辅导，就不仅有助于学生准确定位自己的目标，还能使他们有更多的时间去实现自己的目标。通过正确的培养，使学生认清事实，了解社会发展趋势，最终寻求到适合个人发展的职业。

第四，每一个阶段的职业生涯规划的思想教育都要有一定的特色，并结合相关案例、先进的测试设备进行。思想政治课程教育中，可以通过设计配套课件、开发职业生涯规划测试软件、运用多媒体设备等方法来加强教育的效果，达到思想政治教育的目的，使职业生涯规划内容与大学生思想政治教育充分配合、相互融合，从而达到让学生自己树立职业目标的目的，使他们能够把握自

己人生发展的方向。

第五，高校服务体系需尽快补充服务支持设施。除了基本的教学内容，关于思想教育活动的设施也是必不可少的，包括相应的活动场地、其他教辅部门的配合等。如果学校情况允许，最好能够为学生建立专门的活动场地、测试系统，提供相应的多媒体设施，同时建立一些大型活动室和接待站，帮助学生及时解决问题。完善的高校服务体系是指在职业规划中思想政治教育能够提供相对应的基础内容、活动方案；能够根据社会的进步和发展，不断升级软件服务系统，不断建设和更新其他服务系统；能够预测社会的发展趋势，协助每个学生完成每一阶段的规划，尤其是协助那些完成职业生涯规划有困难的学生。只有依靠高校的优秀师资力量，学校各部门、各系统之间的配合，高校管理、教学和教辅之间的相互弥补，才能将思想政治教育的时效性落实到大学生职业生涯规划当中去。

总之，大学期间，学生都会面对众多关乎自己人生发展的重要抉择，是他们进行职业生涯规划的关键时期。对于站在个人职业生涯的起点的学生来说，最关键的是找准方向。因此，高校就非常有必要对学生进行职业规划引导教育。

（二）完善高校职业生涯规划教育

大学生思想政治教育中的理想教育和世界观、人生观、价值观的教育能够帮助大学生把握职业生涯规划方向，激发内在驱动力。但现在国内开展的大学生职业生涯规划指导更偏重于实用性。从结果上看，两者在内容上存在脱节现象。在开展工作时，要注重将两者有机地结合在一起。

首先，作为教育客体的学生的自主意识逐渐增强，传统的以课堂灌输为主的教育方式已经满足不了他们的需求。将思想政治教育的内容融入大学生职业生涯规划的过程中可以给学生提供强大的精神动力。应围绕理想信念的主线，利用思想政治教育的目标导向功能，激发学生爱国奋斗的热情，促进学生的全面发展，确保其成长方向与社会需要、国家发展相一致，塑造栋梁之材。

在当前的大学生思想政治教育过程中必须充分尊重学生的需求，在职业生涯规划中融入理想信念教育等思想政治教育内容。大学时光稍纵即逝，每个学生都要面对一个严峻的问题——就业。因此，大学生需要认清自己的个人特征、兴趣点，把在学校学的基础知识和个人优势相结合，根据职业生涯规划，自主地进行准备，根据社会形势调整自己的就业目标，时刻做好迎接挑战的准备。关于就业，社会各方面都是互相影响的，家庭生活、社会生活、学校生活等都是息息相关的，只有三者共同进步，才会带动整个国家的富强，实现大学生的全面发展。

其次，大学阶段正是学生巩固基础知识、锻炼身体的关键时期，所以不应该荒废。这个阶段也是提高自身能力的好时机，学生应专注于提高个人的能力，确定职业规划目标，提高综合素质水平，进而根据职业目标，有针对性地学习相关理论知识和技能，度过一段充实的大学生活。

大学生思想政治教育更是对学生性格的塑造，有助于培养学生坚定的信念，使其能够抵御来自社会的压力。同时，有助于培养学生的职业道德，能够让他们面对诱惑时不卑不亢，爱岗敬业，有责任心，懂得职业道德，具有一定的奉献精神，有集体荣誉感。在处理人际关系方面，大学生要更加成熟，懂得谦让，互相帮助，共同进步，不能有自私自利的心态，时刻约束自己，提升思想政治教育的实效性。

再次，高校思想政治教育要通过一定载体进行。载体承载和传递思想政治教育信息，是联系思想政治教育主体与客体的一种物质存在方式和外在表现形态。职业生涯规划是思想政治教育的新载体。高校可以在思想政治课程教育过程中融入职业生涯规划相关内容，增强思想政治教育的实践性；还可以在职业生涯规划教育过程中融入思想政治教育的理想教育、价值观教育等为职业生涯规划提供方向。

最后，一些高校的思想政治教育仅仅从学生的日常生活教育和行为规范出发去探讨，较为片面。不同的学生具有不同的职业生涯规划，高校应该针对这些差异去引导，有目的地教育学生，将家庭道德、学校道德和社会道德都教授给他们，使之全面发展，构建和谐社会。现阶段很多高校所授课程是思想道德修养与法律基础，但要使学生全面发展，只靠教材辅导还不够，还要有良好的师资水平，将思想政治教育理论与职业生涯规划实践相结合，利用先进实验方法，让学生能够认识自我，把握自己的职业理想、职业目标、职业价值观，从而行之有效地提升他们的综合实力。

（三）加强大学生职业生涯规划方法

1. 切实坚持学校教育和自我教育相结合

在进行大学生职业生涯规划培养时，既要注重发挥教师积极培养引导的作用，又要顾及学生自身的潜力，对他们进行启发和教育，引导学生积极主动地对自己的职业进行规划，遇到问题时先独立思考，然后再向教师请教。学生不能一味地依赖职业生涯规划教育，而要自己不断地在实践中摸索和修正，这样才能够真正形成适合自己的职业生涯规划。也就是说，职业生涯规划教育要教师和学生双方一起努力才能取得应有的效果。

2. 团体辅导与个案咨询相结合

在开展职业生涯规划指导活动的过程中，一方面要对团体进行整体辅导，另一方面要对单个学生进行一对一辅导，解决他们的特殊疑难问题。团体辅导要有中心主题，如从认识自我出发，力求解决学生自我认知的问题。个案咨询要以单独的个体来访者为主，有针对性地解决个体来访者的职业困惑。

3. 以“参与式”“体验式”“渗透式”的教育方式为主

在开展职业生涯规划教育的过程中，教育方式应该更加灵活，如使用参与式、了解式、融合式的教育手段，而不应只使用一直以来的说教式。在这一过程中，学生应融入教育环境，主动参与体验从而得出自己的人生体会和感悟，而不是由教师直接告诉学生对人生的认识。在培养期间，学校应能够给予足够的时间来开展有目的、有计划的主题活动，学生组成团队或以小组形式参加。进一步参与这些活动既能使学生增加对活动的了解，又能使他们更加了解自己。

4. 尊重学生的主体地位，引导大学生对自己的决策负责

职业生涯规划教育的主体是学生，教育者应只起到指引的作用，学生和教师之间关系是平等的。在职业生涯规划教育中，教育者应该积极鼓励学生的创造行为，允许学生有不同的看法，从侧面引导大学生自己来做决策，并能对自己的决策负责，最后师生双方通过相互讨论达成统一认识。学生只有在教育的过程中认识到了自己的主体地位，才能更好地参与其中；学生只有认识到了现在所做的人生规划会影响到以后的人生发展，才能够真正重视自己的规划并对自己的规划负责，进而努力实现规划目标，最终把职业生涯规划与自己人生相关联，并将职业生涯规划落到实处。

第四章　大学生就业指导与就业形势

第一节　大学生就业指导的相关理论

一、大学生就业指导概念界定

（一）就业与就业指导的概念

1. 就业

就业是劳动者运用生产资料从事合法社会劳动，创造一定的经济和社会价值，并获得相应的劳动报酬或经营收入，以满足自己及家庭成员生活需要的经济活动。

依据定义，可以看出就业必须符合以下四个条件。

第一，劳动主体必须从事社会劳动（家庭主妇从事自家家务劳动不属于就业）。

第二，所从事的劳动必须要有报酬和经营收入（如果劳动者从事的是无偿的劳动，如家务劳动、青年志愿者公益劳动就不能算作就业。如果社会成员接受社会救济，但不从事社会劳动，也不能称之为就业）。

第三，所从事的社会劳动必须是合法的。

第四，劳动主体必须符合法律的规定（如果劳动主体的年龄不在法定劳动年龄范围内则不能视为就业。法定劳动年龄指年满 16 周岁至退休年龄，一些特殊职业如文艺、体育和特种工艺等除外）。

党的十一届三中全会以后，特别是1981年中共中央、国务院做出《关于广开门路，搞活经济，解决城镇就业问题的若干决定》以后，理论界在解放思想、实事求是的思想路线指引下，重新开始研究我国的就业问题，使“就业”一词开始广泛出现在人们的生活中。

2. 就业指导

就业指导理论和实践最早起源于美国，其理论源于美国的帕森斯创立的职业指导理论。萨帕和罗杰斯在发展心理学和人本主义心理学理论的基础上，完成了从“职业指导”到“生涯辅导”的理论嬗变，发展出成熟的生涯辅导理论，成为西方发达国家现代职业指导以及大学生就业指导的理论基础。①

就业指导也可称为“求职择业指导”、“职业指导”或“职业辅导”，有狭义和广义之分：狭义的就业指导是给求职者传递就业信息，帮助其求职与择业，为其与具体职业的结合牵线搭桥，充当两者的中介人角色；广义的就业指导则是以求职者的自身特点、意愿与社会职业的需要相协调为前提，帮助和指导其树立正确的就业意识，并为其选择职业、准备就业，以及为其在职业中求发展、求进步等提供知识和技能，组织劳动力市场以及推荐介绍、组织招聘等与就业有关的综合性社会咨询服务活动。

毫无疑问，大学生就业指导应该是广义的就业指导。所谓大学生就业指导，是为大学毕业生提供实现就业的必要帮助，主要表现为就业趋向引导、就业素质培养、就业能力锻炼、就业信息提供等方面。大学生就业指导可以帮助大学生初步获得就业能力和面向社会的生存能力，大学生就业指导既能为毕业生实现就业提供必要的帮助，又能为大学生提高综合素质、获取可持续发展的终身就业能力提供切实的指导与服务，直接影响着高校毕业生的就业能力和就业状况，是毕业生就业工作的一个关键和中心环节。

（二）大学生就业指导的意义

大学生是我国人力资源的重要组成部分，是社会主义现代化建设的重要力量，是国家宝贵的人才资源，是我国在21世纪实现跨越式发展的重要力量。然而当前，随着高校毕业生就业制度的改革及就业形势的变化，大学生就业难的问题日益突出，就业形势日益严峻。高校毕业生待业人数越来越多，人不能尽

① 董文强，谭初春，杨志坚，等．构建高等学校学生就业指导工作体系的思考[J]．西北工业大学学报，2006（2）：83．

其才、才不能尽其用的现象也越来越明显。如果不能很好地解决这一问题，势必会造成人力资源的大量浪费，对国家发展和社会稳定都会产生不利的影响。所以在当前情况下，高校应积极做好大学生就业指导工作，引导和帮助大学生顺利就业、正确就业或成功创业，这是解决大学生就业难的一个重要途径，也是帮助大学生实现全面发展的重要手段。具体来说，开展大学生就业指导的意义如下。

1.人力资源合理配置的需要

人尽其才，才尽其用，各得其位，各安其所，这是人力资源合理配置的总体要求。人力资源配置的关键是处理好“有限”与“无限”的关系，即如何将有限的人力资源合理配置到无限的社会空间中去，使其发挥最大的效益。但目前，我们在正视大学生就业难的同时，也必须反省大学生就业难背后的原因。我国是教育大国，但却不是教育发达国家，因此我国的大学毕业生占人口的比重还是很低的。也就是说，目前我国出现的大学生就业难问题实际上并不是真正的“过剩”，而只是一种结构性的过剩。由于行业和地区的人才供需矛盾依然存在，偏远地区和一些条件艰苦或落后的行业，各种人才都严重匮乏，而东南沿海地区和一些传统优势产业、新兴科技产业则人才济济，出现相对过剩。因此，为满足和保证国家偏远地区和有关行业对人才的迫切需求，高校必须发挥就业指导教育对大学生宏观管理的调节功能，加强对大学生的正面教育，引导他们到急需人才的偏远地区和条件艰苦的行业就业，减少大学生的不合理流动，实现人力资源的合理配置。

2.国家繁荣和社会稳定的需要

就业是民生之本。在当前的中国，就业依然是生存的一个最重要的基本手段。没有就业就没有岗位，没有岗位就无法服务社会，甚至无法满足自我需要，无法生存。大学生是国家的宝贵人才资源，是祖国的未来、民族的希望。大学毕业生的就业问题是一件关乎千家万户切身利益的大事，更关系到国家的经济建设和社会稳定。

第一，大学生就业关乎我国经济发展和国家繁荣。就业是经济发展的重要条件，劳动力是生产力中最积极和最活跃的要素。一个国家的就业结构反映了其社会资源的配置状况、各种生产要素的组合状况，决定着经济效能的大小和经济效率的高低，直接影响着社会经济的发展。高校毕业生是知识的拥有者、使用者和创造者，合理配置和使用高校毕业生，充分发挥他们的作用，对于社会进步和经济发展具有十分重要的意义。

第二，大学生就业关乎社会安定。教育事业统计数据结果显示，高等教育稳步发展，2022年在校大学生总规模超过3599万人，毛入学率超过50%，进入大众化教育阶段。我国高等教育大众化，一个最直接的表现是短期内毕业生数量成倍增长并持续攀升，在社会人力资源需求没有相应增加的前提下，毕业生就业压力加大，就业形势显得尤为严峻。2022届高校毕业生总规模首次突破1000万人，高校毕业生人数达到1076万人，同比增加167万人，再创历史新高。随着大学生的数量越来越多，大学生的就业问题就成了一个社会共性问题。

可以肯定，如果高校毕业生长期找不到工作，就必然会缺乏社会归属感和安全感，甚至产生心理不平衡，影响社会稳定。因此，开展大学生就业指导，切实做好毕业生就业工作是关系到社会稳定和发展的大事。

3. 高等教育改革深化的需要

大学生就业指导也直接关系到高等学校自身的生存和发展。目前，我国各高校的办学自主权有所扩大，这在一定程度上为高等学校提供了更广阔的发展空间，但同时也意味着高校应该承担更多的责任。这无疑是各高校必须面对的极为严峻的挑战。以培养社会所需人才为主要任务的高等学校培养出来的人才能否为市场所接受、受到市场的欢迎，将直接决定着学校的声誉、地位和教育水平。同时，这实际上决定着学校生源的数量和质量，以及政府对学校的支持力度。如果高校就业率高，招生状况也会很好，政府和社会各界对高校的支持也会接踵而至，形成良性循环。如果高校的就业率低，也会影响该校的招生，学校就容易失去外界的支持，导致恶性循环。因此，搞好高等学校的就业指导工作是关系学校自身生存和发展的关键问题。

4. 大学生成长成才的需要

我国传统教育体系缺乏对于学生职业意识培养方面的内容，如高考填报志愿时学生的选择也很少考虑到职业兴趣和能力倾向，很多学生单纯地从学校名气和专业优劣角度来考虑填报志愿，对自己未来发展、工作、职业生涯没有明确的概念，甚至对自己所填报的学校和所选择的专业知之甚少。缺乏对自身特点的认知，缺乏职业生涯规划知识，缺乏生涯发展意识，没有明确的生涯目标会严重影响自身就业和个人职业生涯的发展。特别是市场经济社会使个人发展的风险系数陡然升高，大学生没有足够的经验和能力来识别与把握其中的人生机遇，危机四伏的感受便油然而生。面对就业难的困境，多数大学生把希望寄托于考研。然而考研人数急剧增长，考研难的问题也随之产生。“双难”窘境使许多大学生丧失了信心，学习动机缺乏，人生理想跌落，发展动力下降。所以，加强大学生就业指导，系统构建就业指导体系，采取切实可行、成效显著的指导方式有助于大学生更新就业观念，克服就业心理障碍，从而实现自身的健康发展和成长成才。

（三）大学生就业指导的原则

1.尊重学生主体性原则

主体性原则旨在培养学生的就业主体意识与主动精神，激发学生的主体潜能，提高学生的就业自主能力与创造能力，从而使受指导者变成自己指导自己的主体，并将别人的指导变成自己的指导。学生是就业指导的对象，更是就业指导活动的主体。要使就业指导工作富有成效，就必须发挥学生的主体作用。就业指导实际上是学生在指导者的引导帮助下，自我认识、自我教育、自我提高的过程。只有实施主体性就业指导，才能帮助学生克服“等、靠、要”的被动求职心理，更好地适应就业政策与就业形势变化的要求。

2.全程化原则

大学生就业指导工作不是一个临时性、阶段性和局部性的工作，相反，它贯穿于学生教育过程的始终，涉及诸多方面的内容。所谓全程化就业指导模式，就是从大学一年级开始，通过各种形式的就业教育，帮助学生树立正确的择业观念，了解就业政策和求职技巧，逐渐养成求职择业应该具备的素质和能力，并开展职业生涯规划教育，及时为学生提供有效的市场需求信息，努力为学生顺利就业服务。但遗憾的是，目前很多高校的就业指导主要以应届毕业生为对象，存在就业指导对象范围狭窄的误区。很多高校错误地认为，只有毕业生才应该接受就业指导，而其他在校学生没有必要接受就业指导，或者认为在学生毕业之前进行突击指导就可以达到目的。这些做法严重忽视了大学生就业指导工作是一个全程化的指导过程。实际上，大学生就业指导工作需要从学生入学开始，并贯穿整个大学教育的全过程。因为学生一入校门就会不知不觉地受到就业压力的影响，这种影响是内在的，如果不注意积极引导、科学规划，势必会影响学生一生的发展。所以高校在开展大学生就业指导工作过程中应该坚持全程化指导原则，由“临阵磨枪”型指导转变为“长期备战”型指导。进行全程化就业指导时不能笼统对待，应针对不同年级的学生，明确目标，突出重点，分步实施，各有侧重。通过四年系统的指导，培养学生的就业素质，使之具有自主择业、自主创业的能力。

3. 全员化原则

大部分高校现行的大学生就业指导工作主要由就业指导机构负责。传统模式中，就业指导机构主要负责收集、公布就业信息，并对学生进行一些初级的就业技能指导，这样的实际效果会大打折扣。因此，高校应该拓宽思路，建立全员化的就业指导模式。所谓全员化指导，是指高等学校的全体教职员工参与大学生就业指导。第一，学校领导高度重视大学生就业指导工作。学校领导应高度重视就业工作，带头做好毕业生就业工作的示范作用，把就业工作“一把手”工程落实到位。第二，专业课教师应积极参与。从传统观点来看，大学生就业是行政部门的事，直接一点地说就是就业指导中心的事，与教学人员无关。但在当前的形势下，这种观念已经不合时宜了。作为高校为社会输送人才的最后一个环节，就业指导工作可以说是学校发展的生命线，原因是就业率是衡量学校教学质量的重要标志。就业状况如何直接关系着专业建设和发展，进而影响学校的综合发展，当然也影响着教师自身的发展空间。因此，大学生就业指导工作不仅是行政部门、专业指导人员的工作，还是专业教师的工作。专业教师应该充分发挥自身优势，熟知本专业的发展状况，能够从专业的角度，解说行业发展趋势和引导学生做好专业知识与技能的准备。教师如果能够将自身对行业的了解和经验介绍给学生，就能避免空洞的说教，让学生更加信服，对学生的触动也最明显，收到的效果一定会更好。

4. 实效化原则

实效是任何一项实践活动，因而也是思想政治教育实践活动追求的目标。追求实效体现的是人的主观能动精神即实践活动的计划性和目的性，这是人类实践活动的一个本质特点。大学生就业指导作为一项有目的、有计划的实践活动，当然也不例外。所谓实效性原则，指的是就业指导必须讲求实效，注重指导产生的效果。要做到就业指导过程中的实效性，就要求大学生就业指导从学校实际出发。高校在进行大学生就业指导的过程中，要全面把握本校的生源质量情况，要注意联系学校的实际专业设置，以此作为开展就业指导的基础和前提。只有这样，才能使就业指导具有针对性和实效性。此外，还要从学生的思想实际出发，这就要求就业指导人员全面把握学生的现实情况，注重对于学生就业心理分析、就业能力的把握，要通过一系列的调查等相关措施，掌握大量的第一手材料，从而创造就业指导的优质效果。

二、大学生就业指导内容与形式

（一）大学生就业指导内容

1. 就业形势宣传

就业形势是影响大学生个人职业选择的重要因素，因而它也就成了就业指导的一个重要方面。要在把握经济和社会发展总体走势的情况下，根据就业形势的最新发展变化，预测毕业当年的具体就业形势，结合学科、专业、学历和行业发展情况，全面准确地为学生进行分析。要通过分析，让学生认清就业形势，认识到就业过程中的有利因素和存在的问题、困难，并结合就业形势，及时调整自己的就业心态和就业期望值，树立正确的择业观和就业观，采取有效措施迎接各种挑战，努力实现顺利就业。

2. 就业信息传达

及时掌握丰富的就业信息是职业决策和就业选择的一个重要条件。为大学生择业提供及时有效的择业信息，对大学生进行必要的信息指导，就相当于在人才和社会之间架起了一座桥梁。由于在当前的就业市场中，供求信息经常处于变化之中，不同的地区、不同的时间，职业岗位的空缺与求职者人数等情况都会发生变化，求职者往往迫切需要得到就业市场的供求信息，将其作为职业定向的现实依据。因此，就业信息的传达就成了大学生就业指导不可或缺的一部分。

3. 就业技巧指导

求职择业实际上是一门艺术，正确的方法和技巧可以成为择业成功的重要因素之一。但目前，有很多的高校毕业生在招聘过程中缺乏应有的技巧。作为一名高校教育工作者，笔者有较多的机会深入大学生的招聘现场，因此对大学生就业技巧的缺乏有着更深的体会。很多时候，在拥挤的求职人群中，有的毕业生往往是挤进去投了简历后就匆匆离去，还有的毕业生和招聘单位交流时，也往往只是单纯地问一下待遇后便离开了。大学生在就业过程中的这些做法实际上是不懂得就业技巧的一些表现。在实际的求职过程中，诸如建立较好的第一印象、运用沟通艺术及求职中的写作技巧等在很多时候起着意想不到的作用。实际生活中也有很多例子能证明就业技巧的重要性。这些都启发我们在大学生就业指导中要注意对学生就业技巧的指导和培养。可喜的是，目前大部分高校对此都有了一个清醒的认识，都相应地加强了对学生就业技巧的培育。

4.就业能力培养

大学生就业难的问题与现实社会的就业形势有着直接关系。但我们更应该明确，就业形势在大学生就业过程中的影响依然是外因，而大学生自身的就业能力如何才是更为根本的内在影响因素。也就是说，在大学生就业过程中，如果高校不能提升大学生自身的就业能力，不能增强大学生自身的职业素质和职业能力，那么也就不可能从根本上解决大学毕业生的就业问题。这就提醒各大高校，在就业指导过程中需要注意对学生的就业能力进行培养。一般认为，就业能力应该包括基本专业能力、基本职业素养以及学习和应变能力三大方面。基本专业能力是指在校期间学生的学习成绩，大学生应具备专业上的基本专业理论和实践能力的运用。基本职业素养主要包含团队合作、任务执行、工作方法、时间管理、压力管理、信息沟通等。这些能力决定了毕业生在进入企业后，能否快速掌握必要的职业习惯和方法，能否快速融入企业。学习和应变能力指随着企业自身的不断发展以及市场的不断变化，毕业生能够不断地调整自己，从而适应企业、市场以及工作岗位的职责、环境条件的变化。

5.职业生涯规划

“生涯”一词是由“职业”一词拓展而来的，主要指个人一生的道路或发展途径。职业生涯规划的目的在于引导个体以更加广阔的视野来审视个人的职业选择与人生发展之间的内在联系，并在此前提下对个体所拥有的各种发展资源进行评估，让其学会选择与规划，通过促进个体自主有序的发展来实现个人与社会之间积极有效的互动。随着我国高等教育由精英教育向大众化教育的转变，人们上大学的目的也变得越来越现实。为了能在毕业时找到一份好工作，许多学生一进校门便把目光投向几年之后的就业问题。但此时对就业问题的关注所带给他们的却往往是困惑与茫然，尽管都能感受到就业的巨大压力，但却不知道应当如何去应对这种压力，这就凸显了大学生职业生涯规划的重要意义。与当前一些就业指导采用的“就事论事”的指导方式不同的是，职业生涯规划更注重从根本上解决问题。通过对大学生职业生涯规划的辅导，使每个学生从个人生涯发展规划的制定入手，引导学生根据有关资料对自己的生涯发展目标进行设计，并在明确努力方向的基础上制定出实现每一个目标的具体措施，从而指引学生通过循序渐进的方式逐步实现自己的职业理想。

6.就业心理辅导

大学生在择业过程中，不仅会遇到种种外部障碍，还会产生种种心理冲突和心理障碍。因此，就业心理辅导应该成为大学生就业指导工作中至关重要的一部分内容。一是大学生就业心理辅导要从培育学生良好的择业心态着手，引导学生客观公正地分析就业形势和择业倾向、正确对待就业机制、客观公正地评价自我和用人单位等。二是要针对学生在就业过程中的实际情况，对学生在就业过程中出现的心理问题进行危机干预，可以引导学生进行自我心理调节，克服不良心理因素的影响，增强战胜挫折的能力，始终保持良好的就业心理状态，积极迎接挑战，参与竞争。总之，不论是培育学生的良好就业心态还是对学生在就业过程中出现的心理问题进行危机干预，目的都是通过心理层面的引导，使学生克服不良的择业心态，排除心理障碍，树立健康的择业心理，实现顺利就业。

（二）大学生就业指导形式

大学生就业指导的形式可分为三种，第一种是课堂群体学习指导，第二种是个别个性化指导，第三种是主题活动指导。

1.课堂群体学习指导

课堂群体学习指导包括开设专门的大学生就业指导课程、专业介绍、渗透有就业指导知识的专业课程教学及就业知识讲座。

（1）就业指导课程。就业指导课程是指由专职教师或就业指导专家讲授的正规教学，课程中可利用音像资料实施就业指导，全面系统地向学生传授就业知识，帮助学生探索自我，了解职业世界，合理地设计自己接受教育的计划和进行未来职业的选定。播放具有形象、直观、生动等特点的音像资料是现今就业指导课中受欢迎的方式之一。

（2）专业介绍。专业介绍也称新生入学教育之专业介绍，这是学生进入大学后了解职业和专业关系、解读专业的第一课。专业介绍通常由专业教研室组织全体专业教师向新生宣讲并进行师生交流，这是权威、生动、重要的一课。

（3）渗透有就业指导知识的专业课程教学。任课教师在专业课程教学（包括专家讲座）中，不仅传授具体的知识和技能，还会讲解这些知识与技能在职业领域中的应用，以及应用中应遵循的各种规则。通过专业课程学习，学生不仅能学到专门的知识和技能，还能够懂得如何成为一名合格的职业工作者。

（4）就业知识讲座。一方面可由从事就业指导工作的专职教师、负责学生就业工作的领导或用人单位人事主管等向学生传递就业政策、就业信息和就业知识等；另一方面安排校友以榜样教育的方式给学生传授如何积极提高个人的素质及如何自信和成功地走向社会。

2.个别个性化指导

大学生就业咨询部门可以就大学生就业的具体问题，进行个别有针对性的咨询。咨询内容包括性向测试、职业信息、自我评价、专业学习、知识积累、素质养成、能力培养、就业政策、就业心理、求职技巧等各个方面，针对学生提出的特殊问题与之进行探讨、协商和建议。高校就业指导部门及人才市场在网上设置的专门的就业咨询栏为大学生进行职业咨询提供了更为便捷的方式。借鉴了国外开展大学生就业指导的经验后，我国高校的就业指导工作也开始由专设的机构和专人负责。目前，建立学生个人成长档案的工作也开始在我国一些高校出现，这种方式是通过心理测量、生理测量、观察、谈话、调查等途径，收集每个学生的个人资料，包括入学前的有关记录，学生学习期间的各种考试、考查、面谈记录、班级活动记录及其他方面的表现等资料。这便于指导人员把握每个学生的能力及适应性动态变化特征，为个别学生的诊断指导提供参考。

3.主题活动指导

根据教材内容编排一个模拟情境，以最接近真实情况的设计，让学生参加模拟场景，扮演求职者角色。这种形式可以使学生体会到诸如人才交流会、面试等场面，对其求职时知识的运用、心态的调整、决策能力的训练、价值观念的提升等都会产生课堂教育难以达到的效果。通过兼职、试工、参观、访问、调查等社会实践活动形式，学生可以亲临工作现场，接触职业工作者，增进对职业的感性认识。各类劳动实习也是一种最为直接的职业教育形式。学生一方面可以亲身体验工作，另一方面可以从实习劳动中检验自己的各种素质，以作为进一步调整与改进职业目标的依据。此外，也可以利用读物实施就业指导，如指定一些相关课外读物，让学生进行课外阅读，使学生了解各种就业政策、职业特点以及职业成功的条件。

第二节　大学生就业指导的历史沿革

大学生就业是世界各国高等教育的共同话题，各国由于高等教育管理体制、社会就业环境不同，而呈现出各自的特色。在我国，大学生就业是一个备受关注的话题。随着我国社会主义市场经济体制的确立、完善、发展以及高等教育改革的不断深化，大学生就业制度发生了根本性的变化，“双向选择”的就业模式以及“不包分配，竞争上岗，择优录用”的机制将大学毕业生推向了就业市场，促使他们自主择业、就业。同时，国家也依靠就业市场的调节，实现了人才资源的合理配置。这一变化使得大学生就业指导工作越来越重要。

一、大学生就业指导的历史

就业指导作为一种专门的社会服务工作和研究课题，最早起源于美国。美国加州工艺学院早在 1894 年就有学者开始推行就业指导工作。之后，德国和英国等一些西方资本主义国家也相继开展了专门的职业指导活动。就业指导的创始人——美国的帕金斯于 1903 年最早提出就业指导的概念。1904 年，英国格尔顿在哥拉斯哥内实施职业指导计划。1908 年，法国在巴黎设立职业指导学校，德国出现了少年职业介绍机构，美国在波士顿创设了职业局。1909 年，帕金斯出版了《选择职业》一书。1911 年，哈佛大学首先在大学开设了就业指导课程。从此，职业指导被人们有组织、有计划地实施和研究。20 世纪 20 年代后，以美国为中心的职业指导活动兴起，之后又逐渐传入日本、加拿大等国。以美国为例，职业指导从 1903 年帕金斯倡导至今已有百余年的历史，各种职业指导的理论模式大多是由美国学者提出的，至今已经形成了一套较为完整的职业指导理论模式和较为系统的就业指导方法。

在我国，清华大学早在 1916 年就开始着手准备这项工作，并于 1923 年正式成立了职业指导委员会，拉开了我国就业指导工作的序幕。紧接着，国内许多高校也陆续设立了就业指导机构，并形成了一定的规模，积累了一些有益的经验。中华人民共和国成立之后，我国高校在很长一段时间内采用的是按计划招生、统招统分的制度，毕业生供不应求，完全由政府统一分配；学生无条件服从分配，用人单位无条件接受毕业生，学生没有就业自主权，也没有就业压力，因此高校根本无须进行就业指导。直到改革开放以后，我国实行社会主义市场经济，毕业生与用人单位之间采取了双向选择的就业模式，毕业生就业引入了竞争机制，同时各高校在教育部的要求下于20世纪90年代中期相继成立了毕业生就业指导中心，并开展了各种就业指导活动。就业指导处于边实践边改革的阶段，而且一直没有得到足够的重视，无论是在机构设置、经费投入、人员队伍建设以及硬件设施等方面，还是在就业指导工作的理念、方式、途径等方面，都还处于初级阶段。

二、发达国家就业指导的特点

就业指导作为一种引导毕业生就业的形式，在一些较早实行自由择业模式的国家得到了普遍的重视，并在长期实践中取得了宝贵的经验和实效。

就业指导工作在美国的地位极高。美国的高校都很重视对学生的就业指导工作，各高校均设立专门的就业指导机构，通过提高学生就业竞争能力来增强学校的知名度。就业指导在大学内处于中心地位，一般由一名副校长直接负责。如此重要的地位保证了就业指导中心一般都有充裕的经费，能够采取最先进的信息手段。其特点体现在以下几个方面。

（一）大学生就业指导工作与学校的教学过程相结合

从入学开始，学校为学生提供基础职业指导服务，在选择专业和课程方面给学生提供帮助；进入高年级特别是毕业学年，学校为学生提供就业信息服务和就业技巧训练等方面的帮助；毕业后，毕业生仍可回到母校接受各种就业指导和培训教育，获得学校长期的服务和帮助。

（二）大学生就业指导工作与市场需求及业界的要求相结合

美国高校通过获得社会各界对各个高校的总体评价情况以及产学合作教育等方式，加强了与业界的联系和与社会的结合，同时了解就业市场需求，主动适应经济的发展，满足了大学生就业和劳动力市场的要求。美国高校重视合作教育，通过实习计划，提高了学生自身的工作能力和专业技能，从而增强了毕业生在就业市场中的竞争力。通过与用人单位的合作，可以获得招聘信息，提高办学和人才培养的针对性，加强学校的教育功能和竞争能力。

（三）大学生就业指导工作与学生的个性特征及职业发展愿望相结合

美国高校注重个人兴趣和创新能力的培养，注重在教学中培养学生批判性思维，鼓励学生提出挑战性问题。高校坚持以培养学生从事任何一种职业为指导思想，在文、理两方面给学生提供宽广的基础教育，同时注意培养学生的个性特长，指导学生按其职业意愿发展，培养具有务实、竞争、冒险意识的学术精神，使学生能科学、谨慎地对待科技、经济和文化的变化和多样性，从而有信心战胜在不断发展变化的工作环境中遇到的一切困难。

（四）就业指导人员呈现职业化、专业化、高素质的特点

美国高校就业指导人员负责学生心理测试、能力评估、求职咨询等工作，一般都具有心理学硕士或博士学位。其他人员最低要求为学士，并具有职业咨询师资格。同时，就业指导人员具有明确的岗位分工，设有中心主任、就业顾问、就业主管、对外联络员以及秘书等职位。

（五）就业指导过程中通过各种途径为学生提供信息服务

在美国，高校就业指导机构规模都比较大，一般都设有十几个到几十个专门的办公室。就业指导中心特别重视就业资料的收集与整理，并将这些资料全部实行开架阅览，供学生随时查询。此外，还通过校园计算机网络发送就业信息，免费提供就业指导报刊，设置广告栏公布信息，提供美国主要大型企业公司的信息资料等方式拓展学生的知识面等。

在德国，大学生就业不仅仅是学校的工作，而且是整个社会的工作。政府、高校以及企业在这个过程中各有分工。其中，政府系统为主渠道，企业和学生为主体，学校为中介，私人咨询介绍所为补充。政府系统的功能与运作方式主要是信息统计、网络服务、职业培训；私人咨询介绍所主要面向企业，同时为求职者个人介绍职业，搭建企业与求职者之间的桥梁；企业发挥择优录用的主体作用，普遍重视人才选聘的战略与策略。大企业直接承担求职者的实习与培训，中小企业也委托政府机构等进行职业培训；各高校提供对学生就业的咨询服务，每个学校都设置了不同形式的专门机构，保证必要的人员设置和经费投入，主要运作方式是针对专业教育缺陷和学生素质问题进行系统的课程培训；学生既是就业服务体系面向的客体，又是求职的主体。随着社会的不断发展和知识经济时代的到来，在德国的大学生就业服务中，政府关注与投入不断加强，各高校也纷纷调整人才培养策略，着重提高学生的适应素质，就业指导工作愈加社会化、信息化、国际化。

在英国，大学生就业指导任务一般由学校承担，学校充当就业指导的“高参”。英国高校一般都设有“毕业生就业指导服务部”，既作为学生就业信息的主要“数据库”，又担负着为他们排忧解难、对症下药的心理辅导服务。服务

部的资料储藏非常丰富，不仅有用人单位的需求情况，还包括各种奖学金、教育基金资助下的深造途径等。服务部的工作人员常年与用人单位保持密切联络，了解人才需求情况，经常会根据媒体的一则报道或广告登门拜访企业，与其建立联系。大学设有专门的就业咨询人员，向学生提供就业信息，帮助分析学生的具体情况、计划求职方向，教他们如何根据用人单位的要求书写专门的求职信以及面试中的注意事项等。在英国的大学里，进行就业辅导的教师大多拥有心理学等专业的博士学位，因此，对于毕业生的辅导还包括了个性分析、职业生涯设计等多层次的内容，预约谈话的毕业生终日不断。另外，英国还有一个民间组织，主要是联合各高校编写就业辅导书，发布有权威性的评估和就业率统计信息。

第三节　大学生就业形势分析

一、大学生面临的就业形势

（一）毕业生数量大幅增长

受各种因素的影响，我国高校毕业生人数增长很快，至2022年，高校毕业生人数已达到1076万人。随着高校毕业生数量的增加，就业竞争不断加剧，大学生就业难的问题越来越突出，已成为家庭、学校和社会关注的焦点。

（二）“用工荒”与“就业难”并存

“用工荒”与“就业难”并存是我国就业市场结构性矛盾的突出表现，其产生原因是多方面的。一是受劳动力供给“滞后效应”的影响，就业市场总体供求发生较大变化。据国家统计局相关数据显示，自2012年起，我国劳动年龄人口数量和比重连续七年出现双降，劳动年龄人口减少了2600多万人，出现了“用工荒”。二是高等教育招生规模扩张，加上一些毕业生所掌握的技能一定程度上无法适应就业要求，致使“就业难”的压力持续上升。

（三）应届毕业生不受青睐

近年来，部分用人单位出于工作效率及员工培训成本等方面的考虑，不愿意招收高校应届毕业生。其原因有如下两个方面：一方面，应届毕业生工作经验有待积累，无法独立完成工作，用人单位需要投入较高的培训成本；另一方面，应届毕业生工作心态有待稳定，流失率较高，可能会给用人单位带来损失。

（四）热门专业人才过剩

很多大学生在选择专业时，往往热衷于高薪行业的相关专业，这就造成这些热门专业的毕业生数量增多。同时，一些具有专业特色的高校为了追求综合发展，纷纷开设热门专业，使得热门专业的人才供大于求。而一些高校部分专业的教学资源不足，教师水平有限，造成这些热门专业的学生因知识技能不精而缺乏市场竞争力，从而无法在热门行业中脱颖而出并求得理想的职业。

（五）就业机会不均等

当前，大学生是通过“自主择业”“竞争择业”等途径来实现就业的。由于就业市场的法律法规有待完善，而“自主择业”的竞争又十分激烈，所以一些地区出现了“关系就业”现象，进一步干扰了就业市场“公平、平等、竞争、择优”的原则，使得具有同等教育程度的毕业生常常因为家庭背景、经济条件、地域差异和名校效应等方面的不同而拥有不同的就业机会。

二、大学生就业形势成因分析

（一）客观原因

1. 总量失衡

全社会大学生总量的增长与岗位需求的相对不足是大学生就业难的首要原因。我国高校大规模扩招以后，高等教育已经由精英教育转向大众教育，高校毕业生人数的激增期与全国就业高峰期重叠，高校毕业生人数连年攀升，再加上往年未就业毕业生的存在等因素，使得高校毕业生供需矛盾更加突出，大学生就业由过去的“卖方市场”日益走向现在的“买方市场”。

与此同时，由于我国正处于全国性的就业高峰期，留学回国人员、再就业人员和城乡富余劳动力等多路劳动大军同时汇入劳动力市场，必然使得劳动力供求总量严重失衡，使高校毕业生的就业空间受到挤压。巨大的就业岗位缺口将使我国的就业压力长期存在，这对未来几年的大学生就业来说仍将具有相当大的影响。

2. 产业结构有待合理

产业结构有待合理是造成大学生就业结构性矛盾突出的根本原因。从我国的产业结构看，我国的产业结构主要是以发展劳动、资源为基础的传统产业，劳动密集型的制造业、资本密集型的重化工业发展迅速，而先进制造业、现代服务业等能够大量吸纳高层次人才（如大学生）的知识密集型产业有待发育。今后，在产业结构由劳动密集型向知识密集型、高端服务型转型的时期，社会对高层次人才的需求不会出现爆发式的增长，结构性矛盾仍然存在。

3. 空间结构失衡

空间结构失衡包括区域结构失衡和城乡结构失衡。从区域发展情况看，我国的经济发展在区域层面上存在一定程度的不平衡。东部发达地区对高校毕业生的就业需求比较大，经济回报率也比较高，而广大的中西部欠发达地区虽然有较大的用人需求，但一方面符合大学生需求的工作岗位不多，另一方面工作环境和生活条件比较艰苦，经济回报率相对较低。这样一来，东部发达地区就成为主要的人才输入地，而中西部欠发达地区就出现了“门前冷落鞍马稀”的景象。

4. 人才培养与市场需求脱节

我国近年来的人才市场供给与需求情况不匹配，专业技术人才或高端人才有一定数量的缺乏。例如，部分技术岗位的劳动力呈现出供不应求的局面，如以机械加工为主的技能型人才短缺；国内银行业缺乏专业人才，如金融工程师、精算师等人才缺乏。

（二）主观原因

1. 择业期望值过高

择业期望值过高一直以来都是困扰毕业生顺利就业的一个主要问题。部分大学生在择业过程中自我定位不准、择业期望值过高，把党政机关、事业单位、国有企业和外资企业等作为理想的就业单位，不屑到基层、私营企业施展才干；强调自身价值而忽视社会需要，一味追求个人利益，重地位、重名誉，轻事业、轻奉献，缺少艰苦奋斗的精神和强烈的责任感，以致后来陷入高不成、低不就的尴尬局面，错失就业机会。

2. 就业观念有待更新

部分大学生的就业观念有待更新，就业竞争意识有待提高，就业观与现实状况不匹配将直接影响大学生顺利就业。就业观念有待更新具体表现在以下方面：缺乏正确的自我认知，对社会生活的认识往往过于简单或片面；就业意向被“望子成龙”“望女成凤”的家长左右，一定程度上缺乏主见；存在相当严重的职业歧视，不愿从事基层工作。在严峻的就业形势下，如果不转变就业观念，大学生就业难的问题依然很难改善。

第五章　大学生就业准备与求职技巧

第一节　知识与能力准备

一、知识准备

（一）宽厚扎实的基础知识

基础知识作为知识结构的根基，是知识大树之躯干，是每位大学生的就业之本。现代教育提倡素质教育，也是重视基础教育的一种体现。专业基础知识是基础知识中较为重要的一部分，对于一个专门从事学科知识学习的大学生来说，专业基础知识是衔接基础知识与专业知识的重要环节，也是专业知识学习的一个铺垫。一个人的专业技术水平离不开他所具备的扎实的基础知识，这是事业成功的基础。大学毕业生无论选择何种职业，也不管要向哪个专业方向发展，都少不了宽厚扎实的基础知识，就像万丈高楼平地起，全靠地基来支撑。特别是随着科技和经济的高速发展，社会中产业、行业、职业结构调整的速度必然加快，大学毕业生在择业、就业上很难保持从一而终，职业岗位随时变动不可避免，而掌握宽厚的基础知识，就等于掌握了以不变应万变的法宝。大学生注重基础理论的学习还有助于培养科学的思维方法和良好的心理素质，而这些也是工作中必备的优秀品质。因此，大学生应该广泛吸取各类基础知识的精髓，遵照拓宽、加强基础的原则，有针对性地扩大自己的知识面。基础知识必须有一个服务于专业知识的指导思想，在有利于专业知识积累与发挥的条件下，大学生必须有选择地扩大基础知识的容量，使知识结构趋于合理。

（二）广博精深的专业知识

专业知识通常是指在校生各自所学的本专业知识，是大学生走向工作岗位的一技之长，是其从事专业技术工作的有力保证。大学毕业生是将要从事专业性强的工作的高级专门人才，专业知识是其知识结构的核心部分，也是科技人才知识结构的特色所在，没有专业特色，就不能称其为科技人才。高等教育专业的设置就是为了适应基础教育发展到一定程度时根据社会分工的需要建立的一个特殊的培养人的计划。专业知识的学习是最终实现育人目标的必然途径。当基础知识积累到一定程度时，知识专门化发展的要求就显得格外突出，离开了专业知识的学习，知识体系也就失去了完整的意义。专业知识是大学生赖以生存的资本，大学生经过训练与培养而取得一技之长，能够适应社会的生存与发展。因此，大学生认识社会、改造社会的武器是自身掌握的专业技术知识。专业知识学以致用的运用性特征，决定了专业知识在大学生知识结构中的重要地位，而这一运用过程的主体无疑是大学生自身。由此可见，大学生在生存发展中运用自己所学的专业知识，正是专业知识本身和社会运作方式的结合。

（三）大容量的新知识储备

随着科学技术的发展，人类所创造的知识文化总量正以几何倍数加速增长。作为走在时代前列的大学生，如果只掌握本专业现阶段的知识，是很难适应社会需要的。所以，大学生应利用在学校学习的宝贵时间，在不断学习本专业知识的同时，还要在知识的宽度和深度上下功夫拓展延伸，如关注科技发展的前沿信息，关注最新行业发展动态，涉猎现代科学知识，掌握本专业国内外研究的新动向、新成果，掌握专业知识的精湛性和先进性，培养自己的专业眼光，培养具有前瞻性和先进性的思维方法，这样才能紧跟国际科技发展前进的步伐，为自己的择业拓展广阔的空间。

（四）现代管理和人文社会知识

大学毕业生走上社会工作岗位后，慢慢会成长为工作单位的业务骨干，这就要求大学生除具备专业知识外，还应掌握一定的现代管理知识和社会人文知识。大学生要立足社会，要利用专业学习的空余时间，多学习一些社会科学、管理学方面的知识，拓宽自己的知识面，开阔自己的视野，不断增强对社会和现代科学的认知，从而不断提高自己适应社会的能力。

（五）综合交叉的复合知识

现代各类职业都要求从业者的知识“程度高、内容新、实用强”。“程度高”是指知识层级高，知识面广；“内容新”是指从业者的知识结构应以反映当今科学技术发展差误的新知识、新信息为主；“实用强”是指从业者的知识在生产、工作中有很强的使用价值。反映上述要求的一个很明显的例子是目前用人单位普遍要求毕业生能够掌握一门外语并熟练使用计算机，这种复合型人才备受用人单位的青睐。此外，毕业生如能掌握一技之长，如写作能力、语言表达能力等，也将会增加自身的求职成功率。这种职业要求实质上是一种对复合知识的要求。

二、能力准备

大学毕业生有了相当广泛的知识积累，但并不等于有了较强的就业能力。虽然每个人所具有的能力是与自己所学知识、工作经验、人生的阅历和他人的传授相结合的，能力的培养和自己不断汲取新知识、新经验是密不可分的，但知识并不能简单地与能力画等号。如果让自己的头脑成为一座单纯的知识仓库，而不注重在理解、掌握和运用知识过程中自觉锻炼、发展能力、开发智力，那么知识很可能会变得无用。求职竞争说到底是知识和能力的竞争，在一定意义上，能力比知识更重要。就业能力是大学生在毕业以前的学习、工作和生活中所积累、培养出的各方面能力。一个大学生想要顺利地找到自己的正确位置，较好地适应经济社会的发展，并在工作中做出成绩，就必须具备一定的就业能力。就业能力不是单一的能力，而是一个具有多功能、多层次的综合体，就业的过程也是竞争的过程。

大学生应具备以下几个方面的就业能力。

（一）学习能力

当今时代，科学技术突飞猛进，社会发展日新月异，知识更新速度很快，每个人在其一生的工作生活中都必须及时接受最新的教育、最新的知识，这就要求每一个人都必须具备不断学习的能力，适时更新知识，这样才能更好地生存与发展。学习能力是个体在社会文化背景下，在与他人的互动中，主动建构自己的认识与知识的能力。随着人类社会的信息化步伐加快，各种新知识、新学科、新技术、新方法也以不断加快的速度增长。面对浩瀚、广博并且不断裂变、衍生的知识，以及各种各样与日俱增的变化和信息，大学生必须具有较强的学习能力，能够快速选择自己要学习的内容，善于学习那些有利于提高个人素质的知识，以便自己能够适应不断变化的社会环境，能够驾驭知识的变化，而不是为知识和变化所奴役。[①]

（二）表达能力

表达能力是指运用语言或文字阐明自己的观点、意见或抒发思想感情的能力，主要包括口头表达能力和书面表达能力。人们在日常学习、工作、生活中，要交流思想、讨论问题、阐述观点等，如果不注意表达能力的培养，表达不确切、不清楚，即使有再好的见解和办法，也会直接影响本领的施展。语言表达能力要求语言的流畅性、灵活性和艺术性。书面表达能力要求文句具有较高的逻辑性、艺术性和条理性。对于大学毕业生来说，表达能力的重要性是不言而喻的。表达能力不但在工作，如申请、计划、总结、汇报、设计、调研、通话、交流等中发挥作用，而且在择业时，如自荐信的撰写、个人材料的准备、面试时回答问题等每个环节也发挥着不可低估的作用，甚至会直接影响工作生活的质量。很难想象，一个表达能力差的人如何在工作中处理好各种各样的关系或在科学研究方面取得较大的成就。因此，大学生在校期间，应注意自己的语言文学修养，积极创造条件锻炼语言表达能力，不断培养和提高自己的表达能力。

（三）适应能力

适应能力是指人随着外界环境的变化和时代的变迁而改变自身心理特征，改变自己的生活方式、交往方式、思维方式、行为方式和管理方式的能力。对于大学毕业生而言，适应能力是指毕业走上工作岗位后，对工作环境、社会生活、文化思维、行为方式的适应能力。一般来说，一个素质较高、各方面能力较强的人，在比较困难的条件下和比较差的环境中，也能通过自己的努力取得较好的成绩，或者变不利的环境为有利环境。这就要求刚走上社会的毕业生能够根据工作生活环境的需要及时调整自己的知识结构、能力结构以及行为方式，尽快培养自己适应社会的应变能力。需要指出的是，大学生对社会、对环境的适应，应该是主动的、积极的，不应是消极的等待和对困难的屈服，更不应是对落后、消极现象的认同，甚至与其同流合污。适应要同发展结合起来，更要同改造联系起来。如果只讲适应，不思进取和改造，社会和个人都无法得到进步。

① 吴正龙，刘亮亮，李冬，等．大学生职业发展与就业创业指导[M].济南：山东人民出版社，2015：46.

（四）人际交往能力

人际交往能力就是与他人相处的能力，是指择业者以社会认可的方式，妥善处理人与人之间的关系，并与他人和谐共处、共同发展的能力表现，是人与人之间实现心灵沟通的一种方式。作为大学生，只有具备一定的人际交往能力，善于处理各种人际关系，才能在工作中充分施展自己的才能。大学毕业生步入社会后，要与各种各样的人产生这样或那样的联系。能否正确、有效地处理、协调好职业生活中人与人之间的各种关系，不仅会影响一个人对环境的适应情况，而且会影响其工作效能、心理健康和事业的成败。大学毕业生在刚刚走上工作岗位时由于初谙世事，阅历较浅，缺少经验，往往会感叹“工作好搞，关系难处”。因此，大学生自觉地培养良好的人际交往能力非常重要。

人际交往能力是生活中实践的结晶，它不是从书本中或课堂上能够学到的知识技能。在大学校园中，“两耳不闻窗外事，一心只读圣贤书”的现象并不少见，而这与社会的飞速发展是格格不入的。大学校园是优秀青年的聚集地，其宽松的学习生活环境为同龄人的交流提供了良好的条件，如丰富多彩的社团活动和繁多的社会实践活动。大学生应善于抓住机会，抓住机遇，大胆参与，培养自己良好的人际交往能力。

（五）动手能力

动手能力是指把创造性思维变成实际的物质成果，或是用生动形象的实践呈现创造性思维的转化能力，也就是实际操作能力。它是人的智力转化为物质力的关键，是专业工作者必须具备的一种实践能力。这种能力对于大学生，尤其是工科大学生来说尤为重要。现实工作中，尤其是在科研、生产第一线的工作人员，要求的是理论上要懂、实践中会干的人才。因此，大学生必须重视动手能力的培养，克服只重理论学习、轻视实践操作的倾向，应积极参加学校的实践性教学，通过见习、实验、实习、毕业设计等着力培养和提高实际动手能力。

（六）组织管理能力

组织管理能力又叫领导能力，是指管理者能够有效地运用各种知识、技能、方法促进组织的运行，并使之达到最佳工作目标的能力。组织管理水平的高低，已经成为决定一个单位或企业工作效率高低的重要因素。在毕业生就业市场上，具有组织管理能力的大学生越来越受到用人单位的普遍欢迎。许多单位在注重大学生学业成绩的同时，还会对其是否担任过学生干部、参与过社会实践进行考量。尽管不是每个大学生毕业后都会从事管理工作，但是每个人在将来的工作中都不同程度地需要组织管理才能。现代社会实践表明，组织管理能力不仅是领导干部、管理人员应当具备的能力，其他专业技术人员也应该具备。

随着科学技术日益向综合化、社会化发展，工作中组织协调和科学管理的作用也日益突出，过去那种纯“书生型”的人才已不能适应社会的需要。不论哪个专业的毕业生，都必须既有精深的专业知识，又有一定的组织管理能力，这不仅是顺利就业的需要，也是时代的客观要求。因此，大学生在校期间应积极参加社会实践，尽量做一些社会服务工作，善于观察、总结和学习，不断提高和增强自己的组织管理能力，为今后的工作积累经验。

（七）开拓创新能力

开拓创新能力是指通过不断地探索研究，在头脑中独立地创造出新的思维，提出新的见解和做出新的选择的能力。创新能力包含多方面的内容，如强烈的好奇心、细微的观察力、深刻的洞察力，大胆设想、勇于探索的精神以及发现问题、提出问题、发现规律的能力，创造性地分析问题和解决问题的能力，发明新技术、创造新产品的能力，以及提出新思想的能力等。从社会角度来讲，经济的发展、科技的进步离不开发明创新。从个人角度来说，成功、成才依赖创新。大学生应在学习期间不断增强开拓创新意识，加强开拓创新能力的锻炼，努力成为一个具有开拓创新能力的人才。

第二节　就业信息的收集

一、就业信息收集的内容、意义及要求

（一）就业信息收集的内容

信息是现代科学的一个重要概念，它和能源、材料并驾齐驱，成为人类物质文明的三大要素之一。由于人们的观察角度不同、观察面不同，因而关于信息的定义也不同。信息论中的信息是指用符号传递的报道，报道的内容是接收符号者预先不知道的。一般常将信息通俗地理解为消息、情报、指令、密码等的总称，这是从客观事物的运动发展中获得的精神产品，如通过书刊报纸、广播电视、资料文献等获得的消息、情报、成果等。

就业信息是指通过各种媒介传递的有关就业方面的消息和情况，如就业政策、就业机构、供需双方的情况及用人信息等。具体包括以下几个方面。

（1）用人单位概况。包括单位全称、性质、所在行业、地址、规模、效益、用工政策、职工待遇等。

（2）本次招聘情况。包括招聘的部门、岗位、人数、专业、学历要求等。

（3）应聘人员情况。主要是前往应聘人员的数量、学历、专业结构及工作经历等。

（4）招聘时间地点、联系人以及详细的联系方式。

（5）其他信息。

（二）就业信息收集的意义

大学生能否顺利就业不但取决于个人的知识、能力、身体状况以及社会和经济等因素，也取决于就业信息。这是由以下几种因素造成的。

1. 就业信息是职业选择的基本前提

随着毕业生就业工作的进一步市场化，毕业生择业的自主权也得到了进一步的强化。自主择业的前提是获得就业信息。对毕业生而言，如果不拥有准确可靠的需求信息，就无法稳妥地把握自主择业的主动权，实现职业理想就会变成一句空话。

2. 就业信息是择业决策的重要依据

要想使自己的择业决策具有更强的科学性，毕业生必须要保证就业信息量的广泛性，包括国家大方面的就业方针、各地方及行业的就业政策、自己所属院校的就业细则，以及有关的就业机构、具体职责等，当然更主要的还是用人单位的需求信息。在这些信息的获得上如果存在缺陷，毕业生进行择业决策的科学性、准确性就会大打折扣。

3. 就业信息是顺利就业的可靠保证

对毕业生而言，要想顺利通过求职面试，就必须对用人单位的情况有一定的了解，如果毕业生在单位面试过程中只能抽象地表明自己求职的意愿，而对企业的经营方式、产品结构、市场行情及以往的历史和今后发展一无所知，那么面试的结果很容易不理想。由于涉及就业成败的因素是多方面的，把握就业信息的深度，并不必然地决定毕业生能否被录取，但如果是因这方面的原因被淘汰，那就必须及时地做出别种选择，而做出新的选择依然需要就业信息。

（三）就业信息收集的要求

收集就业信息应力求做到“早”“广”“实”“准”。所谓“早”，就是收集信息要及时，要早做准备。所谓“广”，就是信息面不能太窄，要广泛收集各个方面、不同层次的就业信息。有的同学只注意根据自己预先设定的目标收集有关地区行业和单位的就业信息，使自己放弃或忽视了有关“后备”信息，在求职遇挫时感到无所适从，这种情况是应予避免的。所谓“实”，就是收集的信息要具体，用人单位的地点、环境、人员构成、生活待遇、发展前景、对新进人员的基本要求、联系电话等各方面信息掌握得越具体越好。所谓“准”，就是要做到准确无误。一方面，关于用人单位需要的是什么层次、什么专业的人才，以及在生源、能力水平等方面有什么特殊要求，毕业生都要了解得十分透彻；另一方面，用人信息也和商品信息一样，具有很强的时效性，毕业生对于自己所了解的信息是否过时，以及用人单位是否已经找到合适人选等情况都要有所了解，绝不能似是而非。

二、就业信息收集的途径

（一）校内毕业生就业服务机构

学校是大学生收集就业信息的主渠道。因为就目前的就业机制看，学校是连接大学生就业所涉及的有关对象的核心环节，学校既与毕业生就业所涉及的各级主管部门之间保持着密切联系，同时也是用人单位招收毕业生所依赖的一个主要窗口。这一特定的位置，使学校对就业信息的占有量大于任何一个部门，同时其所掌握信息的准确性与权威性也没有任何一个部门可以相提并论。就政策而言，对于全国的、行业的、地方的就业信息，学校都有完整的收集；就需求信息而言，学校接触到的所有信息都是用人单位针对其专业设置而来的，可信度最高，同时其所接触的各部门、各单位也就是毕业生就业工作所涉及的就业机构。目前，各高校毕业生就业工作的职能部门大多转变观念，以市场为导向，以服务为宗旨，在制定文件、公布信息、提供咨询、就业指导以及为用人单位举办各种招聘会等方面都做了大量的工作，也取得了显著的成效。

（二）公开出版物

该信息源包括各类科研期刊、贸易杂志、商报、专利通报、大学学报等。教育部高校学生司和全国高校毕业生就业指导中心主办的《毕业生就业指导报》，是专门为毕业生就业服务的专业性报纸，定期为毕业生提供就业信息。此外，还有一些就业指导的图书中也经常附上有关用人单位的情况介绍和需求毕业生的专业人数等，这些都是获取就业信息的渠道。

（三）中介服务机构

就业中介服务机构大致分为下列几种。

1. 中高级专业人才中介机构

这种机构常常取这样的名称：人才介绍公司、厂长 / 经理咨询公司、猎头公司等，这样的机构主要为高级白领，如企业总裁、名教授、主治医生、甲级球队教练等提供人才供求信息。

2. 再就业服务中心或机构

再就业服务中心或机构包括各区县的职业介绍所，以及社会各界开办的职业介绍机构。这类机构大多象征性地收费甚至免费提供中介服务。为了提高求职者的素质以适应市场需要，有的机构还会开办免费培训班，为求职者“充电”。这些机构信息来源广，服务态度好，旨在积极为求职者排忧解难。即使是企业下岗职工待业人员、初级技术人员或工人，他们也会一视同仁地热情接待。

3. 涉外劳务输出公司或对外劳动服务公司

这类机构专门为境外企业介绍国内的专业技术人员，为境内的三资企业或办事机构推荐管理人员、保安、翻译、家政等人员。这些机构收费比较昂贵，因此毕业生要仔细审查其资质背景。另外，这类机构对外语也有一定的要求，毕业生至少要能够正确填写各类登记表格。

（四）人才市场

人才市场模式大学生比较熟悉。虽然这种人才市场人气过旺，但是不少人跑了几次都没有收获，因此视为畏途。其实这种人才市场的信息量是很大的，只要精心准备，把握好机会，就能有所收获。

人才市场的用人单位一般有以下两种情况：一种求贤若渴，对每位来访者均热情接待，此种单位招收的人数较多，范围较广；另一种单位以扩大影响、提高企业知名度为主要目的，虽然也招人，但人数有限，条件较严。需要注意的是，在人才市场极少有人当场被录用，大多数公司只是为了收集材料，而实质性的录用细则常安排在其他时间。此外，参加人才市场的招聘时，应衣着合理，以此给用人单位留下好印象。

参加人才交流会的流程要点如下。

（1）收集名片，包括收集公司宣传小册子和其他说明材料。可随意同其他求职者交谈并交换信息，同设摊招聘人员交换信息。

（2）要走访每一个与自身专业相关的公司摊位，不应仅仅走访有名的大公司。因为小公司来访者少，正好有机会面谈。对来访者众多的大公司要等喧闹稍稍平静下来再走过去，这样会得到更多的时间，谈话稍一深入就可呈上名片和个人简历。如果有机会谈得十分深入，还应该突出自己的技能和业绩、资历等。

（3）可以上前主动询问公司的性质和业务范围等，然后再慢慢谈到自己。

（4）与公司招聘接待人员约定下次见面。

（5）离开人才市场回到家里后，回顾一下每家公司以及它对自己具有何种利用可能性，即看一看自己可以从行业需求、市场转换和中长期员工需求动向中获取哪些有用的信息。

（6）整理好笔记本和个人简历。对约定的会见要准时赴约；对未约定的单位要在适当的时候打电话再次询问；对其他人，包括自己在人才市场所结识的其他求职者，则可纳入社会关系联络网中。

（五）网络求职渠道

随着人才市场信息化进程的加快和上网人数的增加，网上求职、网上招聘已成为一种时尚。目前，我国的求职网站逐渐增多，搜集优秀的求职网站可以从专业的“求职网站大全”类的站点上获得，如教育部“新职业”“中国公共招聘网”等。也可搜索相关网站，如“中文雅虎”“搜狐”“网易搜索”“智联招聘”等，通过关键字等来搜集信息。

三、就业信息的整理和利用

（一）就业信息的整理

毕业生应结合自己的实际情况，及时筛选处理收集到的就业信息，有目的、有针对性地进行整合和分析，这样才能使就业信息具有准确性、科学性和有效性，使之更好地为自己的求职服务。整理就业信息应注意以下几点。

1. 善于对比

通过多种途径获得的需求信息可能会显得杂乱无序，这就需要自己根据需求科学地进行排序。首先需要注意的是识辨真伪，将过时的信息、虚假的信息剔除出去；其次是将与自己的专业及感兴趣的信息提取出来，将与专业及自身兴趣无关或关系不大的放置到一边。

2. 掌握重点

筛选信息的同时，要对与自己有关的信息按重要程度排列顺序，标明并注意留存，一般的信息则仅作参考。如果主次不分，可能会使自己在求职过程中走过多的弯路、耗费过多的精力，有时可能会因为自己将时间花在一般信息上而错过机遇。

3. 了解透彻

对于重要的信息，应注意寻根究底，争取对首选对象的历史、现状和未来有一个清醒的认识，有些情况还要通过合适的方式从侧面进行了解，如待遇、发展可能等。详细掌握这些材料，就能在随后进行的面试中处于主动地位，让主考官在面试时从情感上首先予以接纳，面试的成功率相对会大一些。

4. 适合自己

这一点应是整理信息的核心。信息对自己是否重要的依据就是是否适合自己。好高骛远、人云亦云、迷失自我，都是筛选信息之大忌。因为用人单位绝不会轻易认同毕业生求职过程中表现出的“忘我”精神。不顾自己的专长，以待遇、地点作为首选原则的毕业生，即使侥幸在求职中取得“成功”，在未来的发展中也会逐渐暴露出自己的弱势，发展后劲也是不足的。因此，我们应强调这样一种观念：“适合自己的就是最好的。”①

（二）就业信息的利用

（1）需求信息一旦选定，就要不失时机地主动与用人单位主管人员联系，询问测试的方式、时间、地点和要求，并准备好一套自己完整的求职材料，使需求信息尽早变成供需双方深度沟通的重要桥梁。

（2）根据整理就业信息的要求来对照检查自己的不足，及时发现自己的问题，弥补原来的不足。这一做法尽管在毕业前的有限时间内稍显仓促，但无动于衷、依然故我的做法是绝对错误的。

（3）及时输出对他人有用的信息。有些信息可能对自己不一定有用，但是对其他学生十分有用。遇到这种情况，千万不要抓住这些信息不放。能主动输出对他人有用的信息，不仅能帮助他人，也能增加与他人交流信息的机会，说不定也会从别人手中获得对自己十分有益的信息。

① 高荣发，万著，鱼小强．大学生就业指导[M]．西安：陕西人民出版社，2007：111.

第三节　求职材料的准备

求职材料是求职过程中的敲门砖，是应聘者的个人广告。内容充实而又富有个性的求职材料，将会在众多平庸而雷同的材料中脱颖而出，赢得更多的机会。在众多的求职材料中，最重要的就是个人简历。即将毕业而走向求职道路的应届毕业生要珍惜自己的第一份求职简历。

一、求职简历的撰写

撰写简历是大学生走向职场的第一步，也是职场的一门必修课。撰写个人简历首先遇到的是写什么的问题，也就是说个人简历要包括哪些内容。简历并没有固定的内容要求，对于社会经历较少的大学毕业生来讲，一般包括个人基本资料、学历、社会工作经历及课外活动、兴趣爱好等。

（一）个人基本情况

毕业生应列出自己的姓名、性别、年龄、籍贯、政治面貌、学校、专业、联系方式等。这部分应写在简历的最前面，格式上越直观、越简洁越好。一般来讲，这部分内容无须太多，如“姓名”可以使用较大号文字（对难读的字最好注释汉语拼音）；“联系方式”尽量详细，电话座机要注明区号，如北京（010）；手机号码一定要写清楚，以保证用人单位能够联系到自己；邮箱地址最好用较大的文字标注，如需要写住址，一定要写邮编。另外，还要附上照片，照片要求标准证件照，除非与应聘职位有关，尽量不要贴艺术照或生活照。

（二）教育情况

应写明曾在某某学校、某某专业学习，以及起止时间，如有必要可列出所学主要课程及学习成绩、在学校和班级所担任的职务等。习惯上书写学历的顺序是从过去写到现在，但实际上用人单位更重视的是求职者的最高学历，所以最好从现在开始往回写，写到中学即可。书写学历的目的是展示毕业生的专业特长，故学校名称后要加上专业名称，如辅修课程与希望应聘的职位密切相关，也可写在主修课程之后，但须注明。经历叙述要做到顺序合理、衔接严谨，必要时可增加适当的备注。保持时间的一致性和连贯性是填写经历的基本要领。

日期一般应当填写到月份。

（三）专业水平和技能

学习成绩优秀、获得奖学金或其他荣誉称号是学生的闪光点，应列出来；如果多次获得多项奖学金，也可一一列出，以体现自身扎实的专业基础。和工作经历丰富的应聘者相比，应届毕业生的学历比经历重要得多，为了强调专业特长，尤其是特殊专业，也可把与应聘工作相关的课程集中起来，附在专业后面。不要仅用“很好”“一般”“熟练”“精通”表述，最好在这些词语后面解释或定义一下它们的含义。当然，最好用公认的证书、资格等级表述。没有证书和公认资格时，最好以做过的结果、事实描述。例如，精通韩语，在 ×× 届世界大学生运动会上为韩国网球队担任随队翻译；在 ×× 年某校主持召开的亚太地区大学校长论坛上担任韩国 ×× 大学校长的讲演翻译。例如，具备熟练的计算机能力，×× 年暑期，曾为 ×× 公司设计并铺设了公司内部网络（该公司有 60 名职工，40 台电脑）；自大二以来，一直负责本校校园网的技术支持和维护工作等。又如，日语一般，可借助辞典阅读技术资料。有公认资格等级证书时，直接用取得的等级表述。例如，“日语”通过能力认证一级资格，“计算机能力”通过全国计算机等级考试二级。毕业论文展示了大学生的专业能力和学术水平，如果在应聘前完成，也可写进简历。如果大学期间有已发表的文章、论文、成果，将是简历中一个有力的参考内容，应注明发表时间和刊物名称及文章名称。

（四）工作经历情况

近几年来，越来越多的用人单位渴望招聘到具备一定应变能力、能够从事各种不同性质的工作的大学毕业生，学生干部和具备一定实际工作能力、管理能力的毕业生颇受用人单位青睐。对于应届毕业生来讲，若有工作经验，最好详细列明。首先列出最近的资料，然后详述曾经工作过的单位、日期、职位、工作性质等。实习为大学生提供了理论联系实际的机会，对这部分应尽可能写得详细，并强调取得的收获。毕业生曾参与的社会活动能体现出他们的责任心、协调能力、社交能力、人格修养及专业能力，所以社会实践活动和课外活动，对于仍在求学尚无社会经历的毕业生来说是应聘中一个相当重要的部分。书写的内容可包括职务、职责、业绩，以及在各项活动中的获奖情况。勤工助学经历，也是大学生社会实践的一个重要方面，即使勤工助学的经历与应聘职业无直接关系，但打工赚学费可显示毕业生的意志，并给人留下吃苦耐劳、勤奋、负责、积极的好印象。书写内容可以包括在何处担任什么工作、从中完成什么或得到什么经验等。

（五）求职意向

求职意向即求职目标或个人期望的工作职位，表明自己希望得到什么样的工种、职位，以及自己的奋斗目标，可以和个人特长等写在一起。书写求职意向应当尽可能明确和集中。例如，计算机软件开发工程师、网络系统工程师、销售工程师，或市场调研员、行政主管，或办公室文员等。对自己意向中的求职目标，应事先多向几个有工作经验的人咨询一下，并反思如何使求职意向和所学专业结合起来。求职意向是整个简历的统领和核心，也可放在简历较为突出的位置，让招聘人员一目了然。求职意向要在简历中明确体现，整个简历的内容重点与经历素材的取舍也应以求职意向为中心展开书写。如果应聘计算机软件开发工程师等技术型职位，就要突出与计算机开发相关的能力，如专业课成绩、社会实践经历，而与这个职位无关的信息可以省略。如果应聘销售人员，就要突出表达能力、沟通能力，与其无关的社会活动就可以省略。如果社会工作经历较少，但为表现自己的个性，可加写兴趣，以展示自己的品德、修养或社交能力及与人合作的能力，但注意最好写一些自己有所研究并具有个性的爱好；如没有兴趣爱好也可不写，可直接描述自己的性格特点。性格特点与工作性质关系密切，所以用词要贴切。其他与求职意向无关的素材则可省略。

二、求职简历的注意事项

大学毕业生求职，就是通过向用人单位递交求职简历来介绍和推销自己。求职简历是用人单位了解毕业生有关情况的重要途径和方式。撰写简历虽然有一定的规律，但千万不能千篇一律。在竞争如此激烈的今天，一般情况下公司招聘都会收到许多份简历，招聘人员在有限的时间内不可能一一详览每一份简历，要想在短短的数秒之内吸引招聘人员的眼球，就要在简历制作上付出一定的努力。

通常情况下，制作简历要注意以下几点。

（一）真实可靠

诚信是立身之本，这对初入社会的大学生尤为重要。不管是知识水平、业务能力，还是工作经历，不管是简历的哪个环节，哪怕是一个细小的部分，都要遵循真实的原则，并要执行好“真实”这个原则。在招聘过程中，如果一旦被用人单位发现简历有造假的现象，应聘者的人品道德也就会随之丧失，这也注定这个应聘者无法找到满意的工作。《中华人民共和国劳动合同法》特别规定，以欺诈、胁迫的手段或者乘人之危，使对方在违背真实意愿的情况下订立或者变更劳动合同的，劳动合同无效或者部分无效。

（二）突出自己的亮点

对于任何一个用人单位来说，每一个求职者都一样，都是一副陌生面孔，谁的简历都有可能会淹没在海量的求职者信息中。所以在求职过程中，投给感兴趣公司的简历一定要有鲜明的亮点。毕业生应该在写简历前将自己在大学的学习、社会工作和生活仔细回顾一遍，将最值得拿出来与别人竞争或者有必要告诉用人单位的那些环节写进简历。比如，优秀的学习成绩，获奖学金或竞赛奖励等记录，参加过的社会实践、社团工作、实习经历、活动经验，以及在大学里做过的有意义的事情等。另外，要善于写出那些能表现自己人格、品质魅力的经历，是否具有特殊的经历、优秀的人格品质以及良好的性格，已经成为当今许多用人单位在录用人员时要考虑的一项重要条件。

（三）简历微调必不可少

大学生需要对应聘的岗位和公司进行一定的筛选，然后将简历投给自己钟情的公司和职位，因此对简历进行必要的局部微调非常重要。简历不能一成不变，因为不同公司和职位对人才的具体要求存在差别，针对这些差别调整简历有助于自己快速找到工作。比如，在应聘技术型工作的时候，可以调整一下简历，突出专业成绩、实践能力、团队精神等与该技术工作相关的信息。具体来说，简历中应该更多地体现专业成绩、曾经做过的与应聘岗位有关的项目和取得的成绩、专业刊物上发表的论文、能够体现团队合作精神的实践经验等。如果是应聘销售类的工作，则要突出沟通能力、人际交往能力和敢于进取的精神。

（四）用事实证明自己

要善于用事实说话。现在有不少毕业生在书写求职简历时，大多存在着一种问题，就是写得比较空泛笼统，如“认真、上进、严守纪律、成绩优秀”等，诸如这般，而无具体事例。谁都可以这样写，难以令用人单位信服。因此，在写求职简历时，要善于让事实说话，用充分的事实来征服用人单位并取信于用人单位。[①]成绩特别优异和出众的毕业生，在写求职简历时，就要善于突出和反映出自己的优势，“成绩优异”不如写成“自己的成绩排在年级或专业的前几名”

---

① 陈士玉，马晓明，周佳峰．大学生就业指导[M]．上海：上海交通大学出版社，2010：161.

更具体、更有分量；“严守纪律”不如写成“连续四年从未被扣过操行分，每学期都荣获守纪奖”；“写作能力强”不如写先后在哪些刊物上发表了多少篇文章；“有演讲特长”不如写成“在参加学校举行的各种演讲比赛中，每次都获得二等以上的奖励”或“某次代表学校参加市区演讲赛分别获得几等奖”；“组织管理能力强”不如写担任了哪些职务，取得了哪些成绩显得更具体、更令人信服。

（五）以个性吸引目光

个性突出、特征鲜明的求职者容易在竞争中取胜，而简历也需要突出个性，个性化的简历会从众多简历中展露光芒，吸引招聘官的目光。但在各种简历模板、写作规则、注意事项前，许多求职者迷失了自我，简历失去了个性，过于注重自己取得的每一项成就，这样的简历在求职竞争中不仅不能为求职者带来帮助，反而会将原本有个性的求职者简历淹没在众多的泛泛而谈的简历中。

第四节　面试与笔试技巧

一、面试技巧

（一）面试的内容与形式

1. 面试的内容

面试的内容比较广泛，用人单位会从不同层面了解求职者的业务水平、道德素质以及综合能力等，这些都是选拔人才的基本内容。

（1）自我介绍。面试介绍时切忌盲目自大，因为面试的考官一般都是该领域的专家。展示自己的特长时，表达是否清晰有逻辑性也是最需要重视的地方。如果要使用人单位在较短时间内了解自己，进行自我介绍时就必须善于把握重点。

（2）应聘动机。面试时，用人单位往往要向求职者提出“你为什么要应聘这份工作”的问题，通过求职者的表述，用人单位能了解求职者来本单位工作的目的和动机，考察其工作态度是否端正，是否有培养前途，以及能否在本单位长期工作。

为了考察应聘动机，用人单位并不需要把所有的一切都讲给求职者，但会实事求是地描述本单位的问题，借此试探求职者是否真心诚意来本单位工作。

（3）综合素质。考察求职者的综合素质已成为每个用人单位选人的首要任务。根据人才使用的总体要求，综合素质面试内容主要包括以下六个方面。

其一，良好的思想政治素质。高尚的道德情操是一切工作的可靠保证，在同等条件下，用人单位更注重毕业生的思想政治素质，品行端正、待人诚恳、诚实守信的高校毕业生往往能得到用人单位的器重。学生党员、学生干部在就业过程中普遍受欢迎的根本原因，就在于他们的思想道德素质较高。

其二，宽广的专业素养。用人单位比较注重吸收基础扎实、知识面广、文理兼通的毕业生，因此注重解决实际问题且动手能力强的学生往往格外受欢迎。成绩单用人单位固然要看，但拥有更多的能力等级证书和获奖证书，将会对用人单位产生更大的诱惑力。

其三，崇高的敬业精神。只有能与单位同甘共苦、以事业发展为己任的高校毕业生，职业发展的路才会越走越宽。

其四，和谐的团队精神。用人单位在选择人才时往往更注重团队精神。要使研究开发的水平达到学科前沿水平，就需要各类专业人才的通力合作。在这个过程中，各类人才必须配合默契，相互学习，相互沟通。

其五，良好的心理素质。用人单位要求选拔的人才具有承受失败打击的心理能力，要有在艰苦或不利的环境中调整自己状态的能力，并且能较快地适应工作和生活的环境。

其六，较强的社会交往能力。用人单位优先录用学生党员、学生干部等现象说明用人单位认为这类毕业生具有较强的社会交往能力，体现出一个人的组织领导能力和良好的语言交往状态。实践证明，这类毕业生进入社会很快就会成为用人单位的骨干。

2. 面试的形式

（1）情景式面试。情景式面试是根据工作岗位的一些情节设计问题，让求职者面对考官提出的问题有针对性地发表个人看法。这种情景式面试通常分为以下三种类型。

其一，主题式提问。为了缓解求职者的紧张情绪，面试开始时，主试人可引出与面试内容关系不大的话题与求职者广泛交谈，让求职者自由发表看法，尽量使求职者情绪放松，自我调节到正常状态，再进入主题提问。

其二，模式化提问。由主试人围绕选拔人才的要求预先准备好若干题目，当求职者进入正常面试状态时，再对他进行提问。用人单位这样做的目的是获得求职者全面、真实的材料，观察求职者的知识面、能力、谈吐、行为、仪表风度等。

其三，问题式提问。由主试人对求职者提出一个问题或一项计划，请求职者予以解答。其目的是观察求职者在特殊情况下的表现，判断其解决问题的能力。

（2）能力式面试。能力式面试由主试人通过多种方式综合考察求职者多方面的才能，通常采取以下三种方式。

其一，任意写一段话。主试人不加任何限制，让求职者任意写一段话。这样做的目的是观察求职者的字写得是否工整、流利，同时也考察其临场发挥能力。

其二，分析一段文章。为了考察求职者的口头表达能力和分析判断能力，主试人让其分析文章，现场观察求职者的分析、归纳、综合演讲能力。

其三，现场计算机操作。为了了解求职者的计算机操作水平，主试人往往请求职者当场用计算机进行一些演示或文档处理，有时甚至进行软件设计，现场考察求职者的计算机操作能力。

（3）压力式面试。由主试人有意识地对求职者施加压力，针对某一问题开展一连串的提问，甚至可以有意识地刺激求职者，看其在突如其来的压力下能否做出恰当的反应，观察其灵活程度和应变能力。

（4）问卷式面试。为了掌握求职者的全面素质，包括个人兴趣爱好、处事能力、合作精神、吃苦精神，以及战胜困难的勇气等，用人单位往往会采用书面的素质测试卷，让每个求职者在规定时间内完成问卷答题工作。素质测试卷通常分为以下两类。

其一，心理测试卷。用人单位在选拔人才过程中，一般通过心理测试来了解求职者的性格、道德水准、与他人的相处能力、敬业精神、受挫力等。

其二，英语水平测试。英语水平测试分为笔试和口试两种。笔试是当场完成一定数量的翻译和写作练习，考察求职者的英语功底究竟有多深；口试即当面用英语与求职者对话，了解求职者的口语表达能力。

（二）面试准备

“工欲善其事，必先利其器。”每一个求职者都应该从思想上高度重视面试，以正确的态度对待面试。大学生初涉职场，更应该在每一场面试开始之前进行全面细致的准备，做到未雨绸缪。

1. 充分了解用人单位、应聘职位以及招聘人员等情况

面试过程中，面试官往往会结合单位以及招聘职位进行相关问题的提问，因此求职者应该提前了解以下信息：一是用人单位的基本情况，如单位性质、隶属关系、业务范围、规模效益、人事制度、企业文化、发展前景等，特别留意一些数据信息；二是职位的要求、职位的特点、工作内容等，避免由于缺乏职场经验而回答出一些外行话，这也有利于大学生在求职过程中适时展示自身的才能和长处；三是在情况允许的条件下，可以采取适当方式，如利用在用人单位任职的校友关系，提前了解招聘人员的职务职称、性别年龄、性格特点等情况，以便更好地与招聘人员进行沟通。

2. 提前准备可能被问到的问题

对于用人单位来说，面试的目的是了解应聘者能够做什么工作，能否胜任某项工作，同时将应聘者在各方面的资格、能力进行横向比较，优中选优。尽管不同的用人单位所提的问题有很大差异，但是总体上来说其提出的问题也是有章可循的。因此，面试前对面试过程中用人单位可能要提出的问题进行充分准备十分必要。一般来说，用人单位所提问题包含四个方面。

（1）教育培训类的问题。通常情况下，面试官会先让求职者进行自我介绍，内容包括毕业学校、专业名称、学习成绩，以及校内参加的社会实践和见习等，然后再对求职者没有介绍到的地方以及自己感兴趣的地方进一步提问。

（2）求职动机类问题。这类问题通常包括来参加应聘的原因、对应聘岗位的了解和期望，以及在工作中需注重的方面等。求职动机类问题可以让招聘人员快速有效地了解求职者的职业价值观。

（3）相关经历类问题。这类问题通常包括大学期间参加的各种创新活动，以及有无担任过学生干部等。相关经历类问题可以比较全面地了解求职者的综合素质，一定程度上体现出求职者对职业技能的掌握情况。

（4）未来规划和目标类问题。目标类问题重点考察求职者的职业稳定性，如对职业的规划以及职业目标的分析等。用人单位选聘一名大学生，要投入很大的人力、物力、财力，因此对大学生的工作稳定性十分重视。

3. 面试心理准备

为了避免因紧张情绪给面试造成不良影响，求职者在面试前要做好充分的心理准备。对于面试，认真准备，认真面对；至于结果，则以一颗平常心对待，淡化成败意识。要认识到，面试成功不代表自己比别人更优秀，面试失败也不

代表自己比别人差，要多给自己积极的心理暗示，要对自己保持信心。

对于面试官，在给予充分尊重的前提下，要以平常人视之；不要把面试当成考试，而要当成一次学习交流的机会。

（1）建立自信。面试前的心理准备，是消除不必要的紧张与恐慌的关键环节。寻找一份理想的工作需要时间和经验的积累，一般要参加好几轮面试，才能获得一份理想的工作。只有建立自信心并保持良好的健康心理素质，才能在面试中应对自如。

（2）保持常态。所谓面试保持常态，也就是说不要故意装出过于轻松的样子，面试需要适度紧张，适度紧张才能反映出自己的正常水平。

（3）准备策略。面试前，应以“手中有备，心中不慌”为出发点。打有准备之仗是保证面试成功的基础，因为机遇总是留给有准备的人。在搜集面试单位基本信息的同时，要在专业知识、口头表达、性格表露、人际关系、团队合作、敬业精神、仪容仪表等方面逐一做好充分准备。以自己曾经做过的较为成功的事例来展现自己的才华，以给面试官留下深刻印象，以最佳面试效果为最终目的来研究战略战术，预测各种可能，从而为面试的成功奠定基础。

（4）保证休息。面试前一晚要尽量放松，要保证充足的睡眠和休息。面试等待时间可以进行深呼吸稳定情绪，克服面试时的紧张心理，以饱满的精神状态应对面试。

4. 礼仪准备

穿着打扮是否得体、外形仪态是否大方会直接影响求职的成败。为此，多数单位都倾向于找到能够提升组织形象的候选人，这些候选人不仅能胜任工作，还要有良好的外形仪态。大学毕业生千万不可在面试时自以为是、不修边幅，这可能会直接导致面试的失败。

言为心声，优美的语言能唤起人们对自己良好的印象。大学毕业生在面试前一定要注意自己的语言训练，要做到称呼得体、符合礼节、表达准确、声音适中。对求职者来说，流利自如、文雅幽默的谈吐是求职面试成功的重要因素。大学生在平时要有意识地加强表达能力的训练，逐渐养成与陌生人交谈自如的能力。

5. 面试材料的准备

大学生应该在求职材料的基础上完善面试自荐材料，向用人单位展示自己在校学习阶段的基本情况。自荐材料一般包括求职信、个人简历、就业推荐表、学习成绩单、英语等级证书、计算机等级证书、荣誉证书、专利证书、发表的论文及科研报告等科研成果的证明材料，以及会计证、裁判证等资质证书。除此之外，求职者可以自带纸笔，以备不时之需。

6.模拟面试过程

在做好求职面试准备以后，可以进行一次模拟训练。比较有效的做法是三名同学相互协作配合，了解面试背景，一名同学扮演面试官的角色，一名同学扮演求职者的角色，另外一名同学扮演观察员的角色，互相讨论模拟过程中发现的问题，不断总结，从而提高自己的核心素养。另外，大学生也可以通过参加学校组织的模拟求职面试活动来锻炼自己，积累面试经验。

（三）面试的应对和技巧

1.语言运用方面

面试场上的语言表达艺术标志着求职者的成熟程度和综合素质，对求职者来说，掌握语言表达技巧无疑是很重要的。

（1）认真聆听，流利回答。交谈时要注意控制说话的速度，语言要简练、完整，尽量不要用简称、方言、口头语，以免面试官听不懂。一般情况下，不要打断面试官的问话或抢问抢答，否则会给人留下急躁、鲁莽、不礼貌的印象。

（2）语气平和，语调恰当。面试时要注意语言、语调、语气。语气是指说话的口气，语调则是指语音的高低轻重。比如，自我介绍时最好用平缓的陈述语气，音量的大小要根据面试现场情况而定，以每位面试官都能听清自己的讲话为原则。

（3）注意面试官的反应，及时做出调整。面试不同于演讲，而更接近于一般的交谈。交谈中，应随时注意面试官的反应。比如：面试官心不在焉，可能表示他对你的这段话没有兴趣，所以得设法转移话题；侧耳倾听，可能说明由于你的音量过小导致对方难以听清；皱眉摇头，可能表示你的语言有不当之处。要根据对方的这些反应，适时地调整语言、语调、语气、音量、措辞，包括陈述的内容，这样才能取得良好的求职面试效果。

（4）要注意身体语言的运用技巧。在交流过程中，身体姿势、动作都很重要。要让面试官感觉到对他的发言很关注，这样他才能愉快专心地与求职者进行交谈。另外，要让面试官感觉到热情和自信，关键是要在交谈过程中避免过分紧张和拘谨，要尽量带着微笑，动作尽量舒缓、大方。同时，交谈过程要注意适当借助手势来表达自己的想法。

2. 问题应答方面

（1）把握重点，简洁明了，条理清楚，有理有据。一般情况下，回答问题要结论在先，议论在后，即先将自己的中心意思表达清晰，然后再做叙述和论证。

（2）讲清原委，避免抽象。面试官提问总是想多了解一些求职者的具体情况，不应该简单地以“是”或“否”作答。针对所提问题的不同，应给出细节回答，有的需要解释原因，有的需要说明程度。不讲原委、过于抽象的回答，往往不会给面试官留下具体的印象。

（3）有个人见解，有个人特色。面试官接待求职者若干名，相同的问题问若干遍，类似的回答也要听若干遍，因此难免会有乏味、枯燥之感。只有具体独到的个人见解和有个人特色的回答，才会引起对方的兴趣和注意。

（4）知之为知之，不知为不知。面试遇到自己不知、不懂、不会的问题时，闪烁其词、默不作声、牵强附会、不懂装懂的做法不可取。诚恳坦率地承认自己的不足之处，反倒会赢得面试官的信任和好感。①

3. 面试中的礼仪

面试是比较正式的场合，求职者应懂得讲究礼仪的重要性。大学生求职面试时应注意以下几个方面的礼仪。

（1）遵时守信。求职者一定要遵时守信，千万不要迟到或爽约。迟到和爽约都是不尊重用人单位的表现，也是一种不礼貌的行为。如果求职者有客观原因不能如约到场，应事先打个电话通知面试官，以免对方久等；如已经迟到，不妨主动陈述原因，且语言要简洁有力。

（2）以礼相待。求职者在等候面试时，不能随心所欲，这会给人留下不好的印象。对接待员要礼貌有加，也许接待员就是公司经理的秘书、办公室的主任或人事单位的主管人。要尽量给所有人留下良好的印象，且面试时要自觉关闭手机或静音。

（3）入室敲门。求职者进入面试室的时候，应先敲门。即使面试室的门是虚掩的，也应先敲门，千万别冒冒失失地推门就进，给人鲁莽、无礼的感觉。敲门时要注意敲门声的大小和敲门的速度。正确的做法是用手指关节轻轻地敲

① 魏安民．大学生就业指导[M]．成都：电子科技大学出版社，2019：87.

三下，问一声“你好，我可以进来吗”，待得到允许后，再轻轻地推门进去。

（4）微笑示人。求职者在踏入面试室的时候，应面露微笑。如果有多位考官，应面带微笑地环视一下，以眼神向所有人致意。面带真诚、自然、由衷的微笑，可以展示一个人的风度、风采，有利于求职者塑造自己的良好形象，给人留下美好的印象。

（5）适时入座。主考官示意入座时，求职者应该表示感谢；如果椅子不舒适或正好面对阳光，求职者不得不眯着眼，也应该向面试官示意。

（6）递物大方。求职者求职时必须带上个人简历、证件、介绍信或推荐信，面试时要保证不用翻找就能迅速取出所有资料。送资料时应双手奉上，表现得大方和谦逊。

（7）及时告辞。有些面试官以起身表示面谈的结束，有些则用“同你谈话我感到很愉快”这样的辞令来结束谈话。对此，求职者应敏锐反应，及时起身告辞。告辞时应将椅子放回原位，然后面带微笑地向面试官致谢。

二、笔试技巧

（一）笔试的内容和种类

笔试作为面试之前的第一轮甄选，主要考核求职者四个方面的内容：一是知识面的考核，主要是一些通用性的基础知识和担任某一职务所要求具备的业务知识；二是技能测验，主要是针对求职者处理问题的速度与质量的测试，检验其对知识运用的程度和能力；三是智力测试，主要测试求职者的分析观察能力、综合归纳能力、思维反应能力以及对于新知识的学习能力；四是性格测试，主要是通过一些精心设计的心理测验题或一些开放式的问题来考察求职者的个性特征。

从宏观上讲，笔试分为技术类和非技术类两种类型，技术类又可以分为专业知识测试和专业技能测试两个方面，考察求职者的专业基础理论水平和综合应用水平。

1.专业知识测试

根据不同的专业需求，侧重于考核求职者专业理论基础功底，如机械设计理论、数据库理论、美学理论、制造工艺理论、法律知识、历史学等，以此检验应聘者担任某一职务时是否能达到所要求的专业知识水平。

2. 专业技能测试

技能测试是为了检验应聘者的实际工作能力或专业技术能力。这种考试往往针对特定的工作岗位来设计，即针对性较强。例如，在招聘一名设计师时，会依据艺术设计的相关知识，让求职者在某一具体情境下完成具体目标的文案设计。

3. 综合能力测试

综合能力测试考核求职者的思维能力、思考能力、文字表达能力、理解问题的深度和广度，以及解决问题的能力和技巧等。例如，在国家公务机关、事业单位、国企或央企等招聘考试题目中，经常会出现论述题型，检验求职者分析、综合、比较、归纳、推理等思维能力，要求论述要深刻、有力、有见解。

4. 智商测试

智商测试就是对智力的科学测试，它主要测验一个人的思维能力、学习能力和对环境的适应能力。智商测试主要为一些著名跨国公司所采用，它们对毕业生的素质要求较高。虽然专业能力可以通过公司的培训获得，但毕业生具有不断接收新知识的能力是至关重要的。

5. 心理测试

心理测试是用事先编制好的用于测试求职者心理素质的标准化量表或问卷，要求求职者在一定时间内完成，根据测试结果来判断其心理水平或个性差异的方法。一些特殊的用人单位常常以此来测试求职者的态度、兴趣、动机、个性等心理素质。

（二）笔试的技巧与方法

笔试的主要内容是基础知识和专业技能知识，其次是同专业知识或招聘单位的某些知识。在参加笔试时应注意以下几点。

1. 增强信心

笔试怯场，大多数是由于缺乏自信心所致。客观冷静地对自己进行正确评估，可以克服自卑，增强自信心。应聘笔试同其他统一考试不同，其他考试是“一锤定音”，求职应聘考试则有多次机会。

2. 做好准备

提前熟悉考场环境，有利于消除考试时的紧张心理。还应看看考场注意事项，除携带必要证件外，考试的必备文具也要准备齐全。考试前应有充足的睡眠，以保证有充沛的精力和良好的竞技状态。

3. 掌握科学的答题方法

拿到试卷后应该先通览一遍，了解题目的多少和难易，以把握试卷的深度和答题的速度，然后按照先易后难的原则答题，这样就不会因为攻难题费时太多而没有时间完成本来会做的题目，最后还要尽可能留出时间进行检查，特别注意不要漏题。另外，要注意卷面字迹整齐清晰，因为书写过于潦草、字迹难以辨认也会影响考试成绩。

4. 熟悉笔试题型，做到有的放矢

笔试题型和笔试类型有一定的相关性，一般情况下用人单位会采取主观题目和客观题目相结合的形式。不同的笔试类型对应不同的考试内容，求职者在笔试前应做详细的了解，针对不同情况做出相应的准备。一些用人单位的笔试相对灵活，范围也比较大，没有明确的参考书，求职者可围绕用人单位划定的大致范围翻阅一些有关的图书资料。

第六章　大学生就业心理危机及干预

第一节　大学生就业心理危机相关理论

一、就业心理危机概述

（一）危机及心理危机

1.危机的概念

一般而言，危机有两层含义：一是指突发事件，即出乎人们意料发生的事件，如地震、水灾、空难、疫情、恐怖袭击、战争等；二是指人们所处的紧急状态，当个体遭遇重大问题或变化使个体感到难以解决、难以把握时，其内心平衡状态就会被打破，正常的生活会被干扰，内心的紧张不断积蓄，继而出现无所适从甚至思维和行动的紊乱，进入一种失衡状态。危机意味着平衡稳定的破坏，本节讨论的危机指的是后者。

2.心理危机的概念

1954 年，美国心理学家卡普兰首次提出心理危机的概念并对其进行了系统研究。他认为，当一个人面临困难情形，而他先前处理危机的方式和惯常的支持系统不足以应对眼前的处境，即他必须面对的困难情境超过了他的能力时，这个人就会产生暂时的心理困扰，这种暂时性的心理失衡状态就是心理危机。卡普兰认为“心理危机”是心理上受到外部刺激或打击而引起的伤害，因此他将心理危机定义为问题的困难性、重要性和立即进行处理所能利用资源的不均衡性，即心理危机是个体运用通常应对应激的方法或机制仍不能处理当前所遇的外部或内部应激时所出现的一种反应。[①]

由此可见，心理危机是伴随着危机事件的发生而出现的一种心理上的失衡状态。因此，可以试着这样来界定心理危机，即心理危机是指当个体或群体受到某些应激事件的影响或挑战时，该个体或群体先前的应对方式不足以应对这些影响或挑战，使得其心理所处的高度紧张、迷惑的失衡状态。

（二）大学生就业心理危机定义与诱导因素

1.大学生就业心理危机定义

大学生就业心理是指大学生在考虑就业问题、为获得职业做准备以及在寻求职业的过程中所产生的各种心理现象。大学生就业心理危机是指大学毕业生某种心理上的严重困境，当他们遭遇超过其承受能力的紧张刺激而陷于极度焦虑、抑郁和失去控制乃至不能自拔的心理状态时，由于既往惯用的应对方法失效，其内心的稳定和平衡被打破，所以常常容易导致灾难性后果发生。毕业生求职的过程是其成长最快的阶段，他们要不断地打破自身的心理平衡状态，寻求新的平衡和发展。

2.就业压力诱发大学生心理危机

随着经济的发展，社会、家庭对于大学生的期望值越来越高，但受多重因素的影响，大学生的就业市场并不景气，毕业生的求职之路也并没有期望的那样顺利。在过高的心理期望和现实的巨大反差面前，当遇到种种外部障碍和挫折的时候，有些大学生就可能出现相应的心理问题。个人前途与就业已成为大学生心理压力中最大的因素，而且压力有随着年级增高而逐渐上升的趋势。

因此，高校应增强对大学生的就业心理危机干预和辅导意识，帮助大学生建立正确的职业理念，为国家培养更多可塑之才。

二、大学生就业心理危机的特点

（一）发展性

发展性主要表现在两个方面：第一，目前大学生由就业引发的心理问题呈

---

① 何元庆，姚本先.构建高校大学生心理危机干预系统初探[J].教育与职业，2005（21）：130.

上升趋势，程度也越来越严重；第二，处于发展阶段的大学生面临就业心理问题时，由于解决不当会产生更加严重的心理问题。

（二）危害性

危机之中隐含着危险，这也是我们必须注意的一个重要方面。大学生就业心理危机影响学生以后的工作态度、个人发展等，严重的还可能危及生命。一般情况下，人们都处于身心平衡的状态，也就是他们的思维、意志、情感体验与生理参数指标都处于和谐状态，当有不适当的应激发生时，人原有的平衡状态就会受到破坏，这时人就会处于一种危机状态，会出现思维不清、意志失控、情绪紊乱等情况。大学生因求职压力、工作压力过大而发生极端行为当属此类。

（三）潜在性

大学生心理危机常常并不是以直接爆发的方式体现，而是潜藏于个体内心，当个体遭遇特定应激事件时，心理危机就会被激发出来。就业心理危机也具有这样的特点。心理危机形成的原因是多样的，心理危机的形成也是一个长期的过程，遇到应激源时才会显露出来，即就业心理危机是个体在遇到就业困难时才会发生的。

（四）适时性

处于不同阶段的大学生所面临的心理问题也是有区别的，高校毕业生处于毕业阶段，面临职业的选择，缺乏足够的心理准备，无力应对过大的就业压力，就业心理危机应时而生。就业心理危机是随着就业活动的到来而出现的，没有就业应激源的出现，就业心理危机可能不会表现出来或需要很久才表现出来。

三、大学生就业心理危机结果

由于大学生应对危机的方式不同、个体的人格特质不同、所获得的支持不同，其心理危机发展的结果也就不同。就业心理危机与其他心理危机的结果大致相同，有以下三种。

第一种结果是大学生的心理危机未能得到有效的处理与干预，从而变得孤独、多疑、自责、焦虑、不适应等，甚至陷入绝望之中，严重的还会产生其他危害。

第二种结果是心理问题泛化，当事人虽然看似度过了危机，但只是暂时将不良的情绪压抑到潜意识当中，并没有真正解决问题，在心理上留下了阴影。

在以后的生活中，危机的不良后果遇到应激源还会表现出来，出现新的不适应的状况。

第三种结果是大学生顺利度过心理危机。这也是较理想的结果，有两种情形。第一种情形是大学生通过自身努力并结合外界帮助，使问题得以解决，防止了危机的进一步发展，逐渐恢复心理平衡。现实表现为毕业生能以平和的心态面对求职，正视就业压力。第二种情形是最理想的状态，即大学生在危机过后内心会产生积极的变化，能够从中总结经验，学会新的应对技巧，心理适应能力同时也会得到提高，能更好地把握自身的心理变化，进行自我诊断，心理状态变得比以前更成熟、坚强，抵抗危机的能力提高，总体的心理素质也有所提高。现实表现为毕业生能正确分析自身的特点，积极主动地投入社会，自如应对就业过程中的挫折与困境。

第二节　大学生就业常见心理危机表现

大学是人生的关键阶段，大学生群体集多种特殊性于一身，处于“第二次心理断乳期”。由于我国就业制度的改革，就业竞争越来越激烈，大学生对社会了解甚少，人生观、价值观也没有完全成熟，因此择业时思想准备和心理准备都不够充分；全球经济危机的存在，也使得大学生在择业的过程中存在着种种心理困惑和不良就业心理。

一、认知心理危机表现

大学生在就业过程中，必须对自身能力、求职境遇以及社会环境之间的关系做出相应的认知和判断。大多数大学生都能产生正确的认知并在此基础上制定就业策略，但也有部分大学生在就业认知过程中出现了偏差。一般认为，此类偏差集中表现为大学生对自身认知的不准确。而这种不准确的认知往往会导致两类心理问题——自卑与自傲。这两类问题都是自我认知错位的结果，看似南辕北辙，实则一体两面。

（一）自卑心理

大学生就业心理问题中的自卑问题，主要表现为对自身能力的错误评价，具体体现为对自己的能力、水平评价过低。这种过低的评价往往伴随着一些特殊的情绪体现，如害羞、不安、内疚、犹豫与失望。在这些特殊情绪影响下，大学生会逐渐丧失自尊心与自信心，并对自身能力产生怀疑。严重的表现为对未来的就业前景失望甚至绝望，认为自己永远无法找到合适的工作，并且出现回避就业的现象。具体表现为不愿意谈论与就业有关的事项，消极对待自身的就业问题，对自身就业能力高度不自信，经常放弃笔试和面试机会。较严重的自卑心理会导致精神不振、消极厌世以致走向极端。自卑心理问题主要集中在以下三类学生群体中。

1. 高职毕业生与专科学生群体

此类大学毕业生因为持有的文凭不高，在就业择业过程中，容易被一些门槛较高的单位拒之门外，由此易于产生自卑情绪，并对自身能力产生怀疑，陷入消极状态。

2. 非重点大学或非重点专业的学生群体

由于对于文凭与工作能力之间的认识比较片面，加之社会上一些错误评价方式的影响，这部分学生将自身能力与所在学校或专业水平画上等号，从而对自身能力产生怀疑。

3. 农村地区的学生群体

由于某些社会不良风气的影响，这部分学生错误地认为自身能力的高低与获得岗位的好坏之间并无联系，从而产生了自卑心理。

（二）自傲心理

大学生就业心理问题中的自傲问题，也是对自身能力的错误评价，它与自卑问题属于一体两面。但是与自卑问题不同，自傲的学生往往是对自身的能力和水平评估过高，在就业过程中常常寻求超出自身现有能力的工作岗位。这种过高的期望值，导致此类学生往往脱离实际，盲目制定就业策略。自傲心理问题主要集中在以下学生群体中。

1. 在学校中曾担任过社会职务且获得嘉奖的学生干部群体

此类学生干部群体在工作过程中表现出了一定的组织能力，但容易将学校中参与的社会工作能力与求职能力画等号，并对自己的岗位需求制定了脱离实际的目标。

2. 学业成绩突出的优秀学生群体

这种类型的学生学业成绩突出，科研能力高于普通同学，但容易将学习与科研能力等同于求职能力，而忽视了学校环境与社会环境的不同，容易产生自傲的情绪。

3. 家庭条件优越的学生群体

此种类型的学生往往出生在城市家庭，生活条件相对较好，父母的工作也比较理想。一方面是长辈的期许较高，另一方面是自身的眼光较高。在综合作用的条件下，错误地将生活环境与求职环境等同起来，并对自身能力产生了过高的期待，进而产生了自傲的情绪。

二、情绪心理危机表现

大学生在求职就业过程中面对就业竞争的压力，会出现相应的情绪波动。一般的情绪波动只要在可控范围内，我们都不应将其视为心理问题，但是部分大学生在就业过程中因为求职受挫往往会形成情绪的长期波动。情绪的长期波动容易演化为心理问题。此类因情绪波动而产生的心理，尤以焦虑和抑郁最为常见。

（一）焦虑心理

焦虑是指一种缺乏明显客观原因的内心不安或无根据的恐惧，往往是由于心理冲突或挫折引起的，主要表现为恐惧、不安、忧虑等。一般认为，焦虑心理往往表现为焦虑不安、紧张恐惧、顾虑重重，犹如大祸临头，惶惶不可终日，即使多方劝解也不能消除。焦虑心理问题多产生于性格内向或成绩欠佳的学生个体，部分女大学生也容易出现焦虑心理。

（二）抑郁心理

抑郁是指长期持续的精神刺激带来的一种以情绪低沉、忧郁、沮丧、自责、压抑为主要表现的精神状态。这一类型的大学生往往在求职过程中屡屡遭受挫折，又没有合适的渠道宣泄情绪。这一类型的心理问题容易在以下两种类型的学生群体中发生。

1. 对于自身要求比较严格的学生

此类型的学生在遇到挫折时往往归咎于自身原因，认为自身努力不够，进而埋怨自己。

2. 性格相对内向的学生

这一类型的学生，在遇到问题时往往找不到情绪宣泄的出口，而且此种类型的学生比较敏感，求职过程中遇到的微小挫折和困难都会导致其更加自我封闭，从而引发抑郁症状。

三、社会化心理危机表现

大学生从校园走向社会的过程也是其社会化的过程。在此过程中，大多数大学生都能顺利地从学生身份转变成求职者和工作者的身份，但是也有少部分学生在社会化过程中并不顺利，进而引发了各类心理问题。这种社会化心理问题，往往与就业过程中社会或大学生本人的影响有关，主要表现为嫉妒心理和冷漠心理。

（一）嫉妒心理

嫉妒心理是一种相当复杂的心理现象。从发生根源上看，包含了从众心理和攀比心理；从情绪演化进程上看，容易产生猜忌、羞耻、敌意、怨恨、报复等形态；从本质上看，是急功近利的心态在主导着这一心理问题的全过程。

大学生在就业过程中，由于社会竞争比较激烈，加上从众心理的影响，往往会出现多人共同竞争同一岗位的情况。而同一个专业或同一班级的学生，由于能力和机遇的不同，在就业过程中所获取的岗位也有高低好坏之分。因此，岗位差别能进一步激发学生之间的相互攀比。互相攀比将导致个体进行岗位选择时的基础并不建立在自身需要上，而是建立在他人评价上。这将导致其就业目标偏高，并容易导致竞争失利。由于缺乏良好的心理调适能力，竞争失利的学生往往会将对方的成功归结为客观原因，并产生嫉妒心理。这种嫉妒心理既源自互相攀比，也源自虚荣心。而从情绪上分析，嫉妒心理还包含着对竞争优胜者的猜疑和敌意，以及对自己的羞耻与怨恨。个别情况下还会演化为报复行为。从本质上看，嫉妒心理问题的演化过程，正是大学生在走向社会的社会化过程中误入歧途而引发的。

（二）冷漠心理

冷漠心理是指大学生对自身所面临的就业、择业任务失去兴趣，对于就业问题不思进取、情绪低落、情感淡漠、意志麻木。冷漠心理经常出现在遭遇就业挫折的大学生个体中，是一种消极的心理反应。

冷漠心理是一种在遭受挫折之后的心理应激反应。这部分大学生对于就业问题还是充满担忧的，但是由于对社会环境有着错误的认识，觉得自己的就业能力再强也无法找到合适的工作，因此采取了放任自流的态度。

冷漠心理往往伴随着依赖心态，包括依赖学校与家长去寻找工作，认为找工作是社会和家庭的责任，不肯自己努力。一方面对社会有着片面的偏见，认为没有关系就找不到好工作；另一方面对社会有着不切实际的幻想，觉得周围的人有“义务”为自己寻找出路。严重的甚至会产生“啃老”心理，认为就算找不到工作，也可以在衣食住行上依赖家长。

冷漠心理的发生与发展，往往伴随着求职挫折的增多而恶化，由于此类大学生个体求职欲望不强，求职动力明显不足，就业难度会日趋增大，容易陷入恶性循环。而不少教师、家长往往将此种类型的问题归结为大学生就业能力不足，忽视了深层次的心理问题因素，也易使此类心理问题日趋严重。①

第三节　大学生就业心理危机干预策略

一、构建大学生自我心理危机干预系统

（一）提高大学生主体的心理品质

1. 动机与需要

心理学家一般认为，动机是由目标或对象引导、激发和维持个体活动的一种内在心理过程或内部动力。从动机与行为的关系划分，动机有激活功能，即具有推动个体行为发动的作用。例如，大学生为了能得到满意的工作而四处奔波求职。动机有强弱之分，一般认为中性强度的动机更利于任务的完成。高校在激发大学生的求职动机时切不可过激，过强的求职动机反而不利于促进其就业，而且可能引发大学生焦虑、抑郁等心理问题。

需要是由个体对某种客观事物的要求引起的，是个体活动的基本动力。需要有自然需要和社会需要之分，其中社会需要是人类特有的需要，如劳动的需要、人际交往的需要、成就的需要、社会认可的需要等。大学生实现顺利就业是个体满足社会需要的表现。

需要是动机产生的基础，高校应引导大学生正确运用需要与动机，使其在就业活动中发生作用，满足其自身的需要。

① 王韦燃．大学生就业心理问题干预研究[D]. 福州：福建师范大学，2010.

2. 情绪与情感

情绪和情感是个体对客观事物的态度体验及相应的行为反应，即人对客观事物能否满足个人需要的判断而产生的态度体验和行为反应。任何情绪、情感都是由一定对象引起的，并且随着对象的变化而变化。不同的人或同一人的事件所引起的情绪、情感不尽相同，甚至会截然相反。情绪和情感对认识过程的进行会有较大的影响，这种影响可能是积极的，也可能是消极的。积极的情绪、情感对认识过程起到推动和促进作用，消极的情绪、情感对认识过程起到干扰和阻碍作用。大学生日常教育中要注意培养大学生积极的情绪、情感，让积极的情绪、情感在大学生认识就业过程中起到积极的促进作用。

帮助大学生培养积极健康的情绪和情感的方法如下：提高大学生的认知能力，包括自我认知和社会认知；让大学生学会用理性、客观的视角看待问题和分析问题；对大学生进行世界观、人生观教育；通过实践活动引导大学生加强自我情绪调控能力，强化人是情绪的主人的观念。

3. 意志品质

意志是一种有意识的支配、调节行为，是通过克服困难，实现预定目的的心理过程。人的意志力的强弱是不同的，构成人的意志的某些比较稳定的方面，就是人的意志品质。良好的意志品质具有独立性、果断性、坚定性和自制力的特点。意志品质在大学生就业过程中起到非常重要的作用。培养大学生优良的意志品质，不仅要注重课堂教育，还要兼顾课外实践以及其他品格与修养。首先，加强课堂引导，提高大学生对意志品质的认知。教师应加强对大学生思想品德的教育，培养大学生的责任心和职业感，塑造大学生的健全人格。其次，探索课堂以外多种形式的意志品质的培养方式。组织大学生寻找社会实践机会，参与一些有针对性的活动，如社团活动、寒暑假社会实习活动等。这样既可以提高他们的就业能力，还可以锻炼他们的社会适应性。此外，还要注意其他因素对意志品质的培养，如自信心、责任心、奉献精神、抗挫折能力、心理承受能力、人际相处能力等，这些心理品质的培养都有利于大学生良好意志品质的形成。

（二）提高自我认知能力、正确认识自我

大学生要想减轻就业压力，避免心理危机的产生，首先要了解自己的个性特征，正确判断自己的气质、性格、能力等，因为气质和性格对大学生选择职业和事业取得成功有很大的影响。同时，要认清自己的性格是内向型的还是外

向型的，适合安静的工作还是热闹的工作，适合稳定的工作还是多变的工作，以及适合创新型的工作还是程式化的工作。其次，明确自己的兴趣爱好，兴趣和爱好是做好工作的动力。毕业生在选择职业时往往以自己的兴趣爱好为依据，这就更需要大学生求职前认真考虑自己的兴趣爱好是否与应聘的工作冲突，正确认识自我是毕业生在求职前的首要工作。

（三）主体应对心理危机策略的调整

大学生应对心理危机的方式直接决定了危机的发展方向和结果，其主要方式大体可以分为五种，分别为解决问题、接受问题并使之合理化、逃避、自责、幻想。具体的应对方式如下：找出解决问题的办法，理智应对危机；从失败中吸取经验教训；压抑自己的想法；尽量控制自己的情绪；向别人求助或借助娱乐等方式缓解压力，释放内心的不快；想一些高兴的事，转移自己的注意力。高校应重视危机应对方式，让大学生明确不同的危机应对方式产生的危机处理结果的差异性，使他们认识到不合理的危机应对方式的危害性，让大学生学会选择积极合理的危机应对方式，有针对性地对毕业生群体进行引导，提高他们的危机应对能力。

二、构建高校就业心理危机干预系统

学校是大学生的主要生活场所，高校在大学生发展过程中所起的教育作用是其他任何机构或团体都无法相比的。因此，构建大学生就业心理危机干预系统必须把高校放在首要的位置。

（一）发挥大学生心理素质教育作用

大学时代是个体心理发展的关键时期，大学生在这一时期形成的心理和人格特征对今后人生的发展能够产生重大的影响。大学生面临学习、交友、恋爱、就业等各种压力时，容易产生心理困惑，甚至出现心理疾病。大学毕业生将从学校步入社会，要承受更多的压力，如求职的压力、角色的转换、人际关系的调整等。因此，高校应注重培养大学生尤其是毕业生良好的心理素质和优良品格，帮助其处理好学习成长、择业发展等方面的具体问题。

1.系统开设心理素质教育课程，全面提高大学生的心理素质

德育理论教育与心理素质教育的本质完全不同，仅靠德育教育渗透的心理素质教育不能解决大学生面临的心理问题，心理素质教育更侧重于帮助大学生解决身心方面的问题，以满足其发展的需要。因此，高校需要建立一套单独的、

系统的心理素质教育课程，大学生心理素质教育课程就是学校心理教育工作的主要内容。此外，还要从大学生的实际需要出发，设定丰富的、应用性强的教学内容，同时根据他们的需要开设“职业心理辅导”等选修课，逐渐形成完善的大学生心理素质教育的课程体系。大学生心理素质教育的内容十分丰富，从适应教育、心理卫生知识教育到人格教育、挫折教育等，涉及心理卫生学、普通心理学、咨询心理学、人才学、教育学和临床心理学等领域。其主要内容包括基础知识、基本技能教育和专项技能教育，应从基础的心理健康知识开始，宣传普及科学的心理学知识，使大学生意识到心理健康的重要意义，能分析和判断自身的心理状态，在认知的基础上进而学习自我维持、调节和提高心理素质的有效方法，掌握提高社会适应性、心理承受能力、应对挫折能力以及协调人际关系的方法。

2. 广泛开展社会实践，在实践活动中培养大学生健康的心理素质

大学生由于本身社会经验和阅历不足，一定程度上应对困难与压力的能力有待提高。因此，高校的心理素质教育应该同社会实践相结合，鼓励大学生积极参加社会实践，为大学生能够参加社会实践提供便利的条件，如提供企业实习信息，帮助他们联系实习合作单位。同时，应对大学生在社会实践中出现的心理问题给予正确的引导，帮助他们提高分析问题和解决问题的能力，特别是承受挫折以及适应环境的能力。

3. 借助校园媒体，宣传和开展心理素质教育的工作

校园的各种媒体如广播、校刊、网站等，在影响大学生健康成长方面往往起着更大的作用。现在大学生更喜欢通过网络等媒体获取信息，而且从这些渠道得到的信息有时对大学生有更大的导向作用。高校应充分利用这些媒体，广泛宣传心理素质教育内容，通过具体案例向大学生介绍各种心理调节的方法，激发他们的学习兴趣，唤起他们提高心理健康水平的自觉性，引导他们主动开展自主性的心理素质教育。

（二）增强就业心理指导工作的力度

高校应建立整套连续性的就业心理指导体系。一年级大学生刚接触所学专业，对就业概念没有深入的体会，就更谈不上就业心理准备了，所以这个阶段的重点是做好大学生就业心理准备工作，让他们认识到就业中应具备哪些心理素质，可以通过组织活动引导他们尝试规划自己的职业。例如，组织职业生涯规划大赛，引导大学生正确认识自身的个性特质、现有与潜在的资源优势，帮

助他们重新对自己的价值进行定位，引导他们对自己的综合优势与劣势进行分析，对其制定恰当的人生目标提供帮助。而且，为了更好地了解大学生就业心理的变化，高校从大一开始就要建立大学生就业心理档案，完备的就业心理档案是开展就业指导工作的重要依据。大二的学生进入专业课学习阶段，渴望了解更多的与专业相关的行业信息。这个阶段要帮助大学生培养职业兴趣，树立从业信心，可以采用多种多样的激发他们的潜能的团体训练方式，如素质拓展训练等活动，通过参与活动增强他们的自信，从而提升他们的从业信心。大二的学生对职业有了一定的认识，这时也可以进行大学生职业成熟度的问卷调查，通过量表分析大学生职业心理的变化。大三时，就业心理指导工作就可以进入实践环节，可以组织学生进行团体或个人模拟训练，演练求职过程，体会求职心态；也可以采用更直观的方式，组织学生进行就业见习，与毕业生一同经历求职过程，进行全程跟踪、记录，亲自考察毕业生的就业心理表现，如自卑、自负、急躁等。见习后还应进行小组讨论，评估不同的就业心理，对有不良心理的学生予以适时的纠正和引导。

（三）建立大学生就业心理危机预警系统

预警机制是在事情发生前的一段时间对即将发生的事情进行预测、发现、分析、判断并做出相应的反应，从而增强工作的主动性、针对性和实效性，达到事半功倍的效果。就业心理危机意味着个体在就业时遇到某种应激源引发心理平衡、稳定被打破，会引起个体的焦躁、混乱、不安。对大学生心理现状和当今就业形势而言，就业心理危机是不可回避的，心理危机干预是应对心理危机的有效措施，而心理危机的干预能取得良好效果有赖于心理危机预警机制的建立。为提高大学生就业心理危机干预的效果，高校应构建完善的就业心理危机预警机制。

1.建立大学生就业心理档案

收集大学生关于就业进行的心理咨询问题，把问题整理归类，总结大学生存在的就业心理问题，再辅以问卷调查等方法进行心理测试，收集大学生的心理信息。通过分析收集的信息，了解大学生的心理现状，对他们就业中可能出现的共性问题进行预防性教育。通过分析档案，也容易发现个别问题严重的大学生，针对这种情况，可以进行个别辅导，把危机事件消灭在萌芽阶段。

2.建立专业的心理危机干预教师队伍

学校要培养专门的心理危机干预人员，加强高校专业心理健康教育教师队伍的建设。为了更好地对大学生心理危机做出预警，学校应调动辅导员、学生会干部、班级干部等人员的积极性。虽然他们不从事专业的咨询辅导工作，但可以帮助教师收集更多、更及时的信息，能够预防危机事件的发生，或在学生发生问题时及时干预，并确保干预效果。

3. 扩大心理指导范围，全面提高大学生的综合素质和能力

就业心理危机的产生与大学生的其他心理危机如恋爱心理危机、人际关系心理危机等是交织在一起的。因此，平时注重对大学生其他方面的心理指导，能帮助大学生提高心理素质，这也是预防就业心理危机发生的有效措施。

4. 提高大学生的社会实践能力

高校要为大学生创造更多的参与社会实践的机会，让大学生接触社会、了解社会，并在社会实践中认识自我与社会需求之间的差距，进行自我定位，设定适合自己的就业目标，对未来可能遇到的困难与挫折做好心理准备。

（四）采取多种危机干预形式

每个大学生的心理特征不同，就业中遇到的心理问题不同，心理危机程度也不同，因此危机干预的方法也需要区别对待。

1. 个别干预

个别干预是一对一的，仅限于干预者与心理危机当事人，危机干预的地点一般选择比较舒适的，且让人觉得比较放松的环境。个别干预适用于心理危机较严重或心理问题较私密的情况。干预方式多采用交谈式，但是以危机当事人述说为主，干预者多是在倾听，同时交谈中干预者应给予必要的认同。个别干预有利于营造良好的咨询氛围，有利于双方信任关系的建立。

2. 团体干预

团体干预是针对个别干预而言的，是将心理问题相同或相似的多人组织在一起，是一种集体行为，但人数不宜过多，为几人或十几人即可，否则会影响干预效果。团体干预方式是小组成员互相讨论、互相倾诉危机心理，使小组成员通过倾诉，与其他人分享心理困扰或内心感受，释放内在压力或情绪，同时通过倾听和观察其他人的表现来反思自己，从而接纳自己。他们通过彼此启发、相互接纳、相互支持与鼓励，从而增强自我认识，获得自信，并能在交谈互动中建立良好的人际关系，促进各自人格的成长。根据干预目标的不同，小组讨论的内容也会不同。此外，团体干预适合经历重大突发事故的人群。

3. 网络干预

网络干预是通过网络对话进行危机干预的形式。网络已经成为大学生生活中的一部分，同时由于网络具有虚拟性特点，危机当事者可以自由地在网络中倾诉心理问题，受到了大学生的欢迎。因此，网络干预是缓解紧张、焦虑情绪的有效方式，其空间的距离感有利于减轻被干预者在干预时的紧张感和压迫感。

4. 同学互助

同学互助是借助学生群体本身的力量解决学生遇到的心理问题的一种方式。但是它要求从事干预活动的同学有一定的识别心理问题的能力。同学互助建立在同学间友谊的基础上，使交流更加放松，更有利于被干预者敞开心扉，吐露真实想法。同学互助方式更加灵活，而且可以渗透到学生的日常生活中，便于大面积开展心理危机预防工作。

三、重视家庭教育对大学生就业心理的影响

麦可思调查研究发现，来自不同家庭阶层的大学毕业生在就业率、求职难度、自主创业等方面存在差异。家庭环境和家庭教育对大学生就业心理存在一定程度的影响。

（一）尊重大学生在就业中的主体决策地位

大学生作为就业活动的主体，要充分发挥其主体决策作用，避免其他家庭成员的过分干预。家庭对毕业生就业活动的影响主要有前途选择、工资待遇、单位性质、求职过程中对关系的依赖四个方面。毕业生要考虑到自己的个性、能力、特长、兴趣、爱好等因素，在综合分析自身的素质与条件基础上进行择业，而最能认清这些因素的当然是毕业生本人。家长的过分干预，也可能导致大学生产生自我认识模糊，不能进行理性选择，或者产生“等、靠”等心理，降低求职动机，影响大学生就业质量。

（二）发挥家庭对大学生就业活动的辅助作用

家庭环境对大学生就业活动的影响主要表现在以下两点。

1. 行业的选择

家庭对大学生就业领域的选择存在一定影响。一般在行政事业单位发展较好、收入较高的家庭，孩子到行政事业单位工作的意愿较强；一般在企业单位工作的家庭，父母对孩子到企业工作的期望值也高。

2.收入的预期

家庭成员的收入对大学生毕业求职时预期的收入有很大的影响。家庭成员收入越高的大学生，对自己的预期工资也越高。面对这样的情况，家长要适时发挥他们对大学生就业的辅导作用，帮助他们客观分析就业形势，指导他们做出理性选择并提供参考建议，但不是代替他们做出决定。家长还可以给毕业生提供更多的就业信息，结合毕业生自身的特点，提出合理化建议。家庭还有一项重要的作用是帮助毕业生疏导就业中引发的心理问题，因为父母是孩子最亲近、最信任的人。毕业生求职时经常会遭到困难和挫折，会影响他们的心理，出现丧失自信、悲观、失望等现象，而家长适时给予关怀和鼓励，能够帮助毕业生走出心理阴影，恢复就业信心。

第七章 大学生就业指导体系构建

第一节 大学生就业指导体系构建依据

一、系统理论

（一）概述

1937 年，美籍奥地利生物学家贝塔朗菲第一次将“系统”作为一个科学概念予以研究，他认为“系统的定义可以确定为处于一定相互关系中并与环境发生关系的各组成部分的总体”。此后，陆续有学者和国际组织根据学科的不同、待解决问题的不同以及使用方法的不同对“系统”的定义进行了界定。比较具代表性的有以下几种。

系统是互相作用的诸元素的整体化总和，其使命在于以协作方式来完成预定的功能。（R. 吉布松）

系统是互相联系着并形成某种整体性统一体的诸元素按一定方式有秩序地排列在一起的集合。（B.H. 萨多夫斯基）

系统是有组织的或被组织化的整体，结合构成整体所形成的各种概念和原理的综合，以有规则的相互作用和相互依存的形式结合起来的诸要素的集合等。（《韦氏大词典》）

我国系统科学界比较赞同《韦氏大词典》的定义，并且认为系统必须具备三个基本条件。具体如下：①由两个或两个要素组成；②要素之间存在有机联系；③具有特定功能。

（二）系统的特征

作为系统，不论是自然系统还是社会系统都具有六大特征，即整体性、层次性、结构性、功能性、变异性和相对稳定性。

1. 整体性

构成一个特定系统的元素是相互联系、不可分割的整体，如果把其中某个元素从系统中割裂出来，它就不能完全地保持原来在该系统中的性质、特征和作用。

2. 层次性

构成系统的各个元素都具有无限可分性，即每个元素由它下一层次的元素构成。原来的系统由子系统构成，各子系统又由构成子系统的元素组成。依次类推，逐层向下，实现系统的多层次性。

3. 结构性

既然系统整体的各个元素之间有其特定的横向联系，系统的各层次之间又有纵向的特定联系，那么多层次系统内部的各个元素必然在层次内部与层次间构成特定的排列组合样式和一定的数量关系，表现出特定的结构特征。

4. 功能性

通常系统都是开放的，即有物质、能量、信息的输入与输出。输入的物质、能量、信息在系统中发生形态转换后输出即是系统的功能。任何系统都有其特定的功能，功能是系统存在的直接原因。

5. 变异性

外部环境可以对特定系统产生影响，系统内部各个元素本身也有编译的可能。因此，任何系统都会因外部及内部的变化而处于不断的运动之中。

6. 相对稳定性

系统的运动虽然是绝对的，但在一定的时间里可保持相对的稳定状态。

（三）系统的三大要素

系统的三大要素是指系统的结构、功能与环境，离开这三大要素，系统将不复存在。系统的结构是指系统各个要素之间相互联系、相互作用的表现方式，是系统的普遍属性。结构的基本形式有数量结构、空间结构、时序结构和逻辑结构。系统的功能指系统整体与环境相互作用所反映的能力，能够表达出系统的性质和行为，具有易变性、相对性以及功能的发挥需要有效控制等特点。环境是指存在于系统以外的事物（物质、能量、信息）的总称。

二、组织行为理论

（一）组织的概念

组织是具有特定目标、资源与结构，时刻与环境相互作用的开放系统。目标、资源、结构和互动是组织的四个基本特征。

1. 目标

每一个组织都有明确的目标，目标决定了任何一个组织作为社会组成部分存在的必要性与合理性。目标的作用是引导组织成员的行为，使大家协作一致，运用组织所拥有的各种资源，完成组织的使命与任务。

2. 资源

组织要想达到自己的目标，必须拥有相应的资源，并把其当作投入，通过转化变成其他组织或个人所需要的各类产出（产品、服务），才能实现自己的目标，才能生存与发展。

3. 结构

在组织所拥有的各种资源中，人力资源最重要、最关键。因为人力资源能支配、使用其他资源，使其发挥效用，从而完成组织的目标。组织还需要建立有效的沟通、协商机制。只有分工清晰、协作通畅，组织才能正常运作。

4. 互动

组织是一个开放的系统，任何组织都离不开环境，离不开其他组织，都需要与环境进行物质、能量、信息的交换，都需要适应环境的变化。组织从环境中获得输入，经过一系列的转换，把输出送回环境。一旦离开了与其他组织或个人的相互作用，离开了对环境变化的适应，组织就会失去平衡，陷入困境。

（二）行为的概念

行为是指人或动物表现的和生理、心理活动紧密相连的外显的运动、动作或活动。

（三）组织行为的概念

组织行为是指人们在作为组织成员时表现出的行为。组织行为必须是组织成员在工作过程中表现出的行为。根据分析水平的不同，组织行为可以分为微观组织行为和宏观组织行为。宏观组织行为是指所有组织成员作为一个整体在活动时表现出的行为，如组织结构、组织文化、组织变革、组织发展、组织学习等。

1. 组织结构

组织结构是指组织成员为完成工作任务、实现组织目标，在职责、职权等方面的分工协作体系。组织结构涉及三项关键内容：正式报告关系，包括组织层次的多少和管理幅度的宽窄；个体组成部门、部门组成整个组织的方法；各组织要素间有效沟通、协调、整合的手段。描述组织结构的特征称为组织结构维度，包括专门化、组织层次、管理幅度、集权水平、正规化、标准化、复杂化、职业化、人事比例。根据组织结构的维度，可以选择不同的组织结构类型，常见的组织结构有智能结构、分部结构、矩阵结构和网络结构等。

在确定组织结构的同时，还要考虑环境、技术、战略、规模、生命周期等多种因素。

2. 组织有效性

组织有效性是一个组织实现目标的程度。提高有效性是组织管理的主要目的之一，另一个主要目的是提高组织效率。提高组织有效性可以从组织的战略导向、高层管理、组织设计和组织文化入手。

高校就业指导工作需要借助组织行为学理论，为高校就业指导组织体系的建构、指导队伍体系的建构以及就业指导服务体系的建构提供理论支持。

第二节　大学生就业指导体系构建原则与目标

一、大学生就业指导体系构建原则

（一）整体性原则

系统的一个重要特征就是整体性，因而构成一个特定系统的元素是相互联系、不可分割的整体。如果把其中某个元素从系统中割裂出来，它就不能完全地保持原来在系统中的性质、特征和作用。

一方面，高校大学生就业指导包括职业规划、就业心理咨询、就业信息服务等多项内容；另一方面，高校大学生就业指导涉及就业指导组织架构、就业指导课程设置、就业指导人员队伍管理等方面。这些内容共同构成了高校大学生就业指导体系。同时，高校大学生就业指导涉及多个部门，只有这些部门相互协调、共同合作，才能发挥就业指导的整体优势。

（二）层次性原则

系统是多级别、多层次的有机整体。这种层次可以分为三种：第一种是空间的层次，即系统内各要素之间的相互作用和行为与它们在系统内所处的空间位置密切相关；第二种是时间的层次，即系统的变化与时间变化的尺度有着十分密切的关系；第三种是功能的层次，即系统的不同层次具有不同的作用。高校大学生就业指导体系的层次性主要体现在以下两个方面。

1.就业指导的组织结构具有层次性

大学生就业指导的组织结构包括学校和学院两级。学校一级负责统筹全校就业指导工作，协调相关部门，做好分工；学院一级负责指导具体工作的实施。目前，国内高校大多成立了校、院（系）两级就业工作领导小组，领导全校的毕业生就业工作，负责协调“大学生就业指导中心”与其他院系、行政机构的工作，确保毕业生得到及时、有效的就业服务。

2.就业指导的时间和内容具有层次性

面对不同年级的学生，就业指导的内容是不同的，并且呈现一定的层次性。大学一年级开展的就业指导包括专业认知、职业基础知识和大体的职业生涯规划，能够让学生全面认识自我、评价自我，确定合理的职业定位。大学二年级主要从职业理想教育、礼仪培训、求职择业技巧、资格认证介绍及就业路径导航等方面开展指导。大学三年级要为学生提供就业实习的机会，全面提升其就业能力。大学四年级主要对毕业生提供就业信息服务以及在求职过程中的心理咨询服务等。

（三）相关性原则

根据系统论观点，系统各要素之间以及系统与环境之间具有通过某种方式相互影响、相互制约、相互依存的性质。这种性质就是相关性。相关性的实质是系统各要素之间以及系统与环境之间发生着广泛的物质、能量和信息交换。

由于系统各要素之间存在着相互联系，所以某一要素发生变化势必会引起其他要素的改变，从而使系统表现为一个动态的有机整体。因此，高校必须将就业指导工作作为一个子系统置于整个高等教育的系统中，并联系其他子系统统一进行考察。

就业指导体系中诸如组织结构、人员配备、课程设置等要素之间也具有一定的相关性，它们之间相互联系、相互制约。所以，建构就业指导体系时，要充分考虑到它们彼此之间的相关性。

（四）开放性原则

系统需要有物质、能量、信息的输入及输出，所以一般来说系统都是开放的。高校大学生就业指导体系就是一个开放系统，它要不断地与体系内外环境进行物质、能量、信息的交换，实现体系的功能运转。高校大学生就业体系的开放性体现在高校与政府、企业对就业指导工作的密切合作上。

1.高校要与政府密切配合

高校大学生就业指导体系是国家就业指导体系的一部分。目前，我国从中央到地方政府都设立了大学毕业生就业指导中心，专门为高校毕业生提供就业信息、就业咨询等方面的服务。

2.高校要与企业密切配合

高校大学生就业指导体系离不开企业的大力支持。就业实践是就业指导的重要环节，而企业可以为就业实践提供理论与实践的双重支持。一方面，企业可以安排专业人员对学生进行指导；另一方面，企业可以为学生提供实习场所，锻炼学生的实践能力，大大提升学生的就业能力。

二、大学生就业指导体系构建目标

（一）全程化

全程化就是要求就业指导贯穿学校教学、管理、服务和活动的全过程，贯穿学生成长的每一步，渗透到学生大学的全过程中。全程化就业指导应该体现在职业生涯规划指导、学业指导、职业体验、就业指导、心理健康咨询和毕业手续办理等各个方面。高校需要在教育思想和办学理念上、在教学内容的安排上、在社会实践活动中、在学生管理服务的过程中，都为学生就业指导提供有效的支持和帮助。

（二）专业化

专业化就是要求就业指导应该以科学的就业指导理论为基础，依托专业化的就业指导队伍和就业指导课程，对学生进行系统、专业的就业指导。

1.就业指导课程建设的专业化

就业指导课程与教材的专业化体现在其系统性上。目前，大学生就业指导课程已经被逐步纳入学校正常的教学计划中，并明确规定为大学生的公共必修课程，但是这门课程尚未形成系统，不能体现其专业性。高校应该加强就业指导课程的建设，并根据不同年级、不同阶段和不同培养层次就业指导重点的不同，建立起一个目标明确、逐步提升、针对性强的完善的就业指导课程体系。

2.就业指导机构的专业化

就业指导机构要实现其行政职能向教育与服务职能的转化，高校大学生就业指导中心应该组建大学生就业指导教研室，负责就业指导教育课程计划和教学大纲的制定、教材的编写、教学的规范管理等。

3.就业指导队伍的专业化

高校一方面要组建一支高素质的专职就业指导队伍，另一方面要不断提高就业指导工作人员的素质和水平。通过定期培训与考核，提高大学生就业指导的科学性，从而使就业指导队伍不断走向专业化。

（三）个性化

个性化是指就业指导应该参考社会变革、社会习俗、社会风气、就业结构、职业评价等因素，针对大学生的个性差异、能力差异、认知差异等提供差别性的就业指导。

个性化就业指导是“共性”中的“个性”，是在针对全体大学生进行就业指导的基础上，针对不同学生的需求，教育和引导大学生按各自最适合的方式发展自我、完善自我，以达到发展兴趣、实现潜能的同时又满足社会需要，实现社会化与个性化的统一。

（四）信息化

就业指导的信息化是指建构就业服务信息化网络平台，实现就业指导、咨询、服务的网络化并形成以互联网为支撑的多元化沟通渠道。充分而有效的信息可以降低市场成本、提高效率，实现节省资源和提高效益的目标。

第三节　大学生就业指导体系构建路径

高校应该以职业生涯发展理论为依据，将职业生涯规划融入就业指导中去，从就业指导机构设置、人员配备、课程管理、服务咨询、评价与监督等方面入手，构建职业生涯教育与就业服务并重的新型大学生就业指导体系。

一、就业指导组织体系的构建

高校大学生就业指导体系的构建要先确立明确的就业指导理念，从学生需要出发，以职业生涯发展理论为基础，树立职业生涯教育与就业服务并重的理念。职业生涯发展理论强调要以个人的发展为重点，在就业指导过程中，要从学生的职业生涯发展出发，对他们进行全面的职业生涯辅导。[①]职业生涯教育就是通过生涯辅导实施的，广义的职业生涯教育可以指学校的一切课程和教育活动，其目的是学生的终身发展；狭义的职业生涯教育是指为帮助学生进行生涯设计、进行自我定位，确立职业生涯目标、选择职业生涯角色、寻求最佳职业生涯发展途径的专门性课程与活动。高校要加强就业服务意识，从学生的角度出发，为就业信息发布、心理咨询、政策分析等方面提供高效、快捷的服务。

（一）根据就业指导工作的性质，设置相对独立的就业指导机构

第一，就业指导具有一定的专业性，需要由专职专业人员来完成。第二，就业指导涉及学生管理、教学、后勤、心理咨询等多个部门，不能简单挂靠其中一个部门。第三，就业指导需要专门的设施和设备。就业指导需要计算机网络、心理测评工具等专门的设施设备对学生提供心理咨询，为就业信息发布提供支持。

（二）就业指导机构应该实现由单纯的行政管理职能向教育和服务职能的转变

随着职业生涯教育理论的成熟，高校大学生就业指导已经不能仅仅满足于就业政策、技巧等方面，职业生涯规划被提到越来越重要的高度。高校就业指导要实现由单纯的行政指导向更为科学规范的职业生涯教育的转变，就业指导

① 任琪．高校大学生就业指导体系建构研究[D].桂林：广西师范大学，2010.

机构的功能也应随之改变。高校就业指导机构要体现教育功能和服务功能，设置职业生涯教育研究中心和就业服务中心，合理配置人力、物力、财力及信息等资源，设计职业生涯教育的目标、途径与手段的总体规划。同时，应细化就业服务内容，尽量满足学生的需求。

目前，国内高校普遍成立了就业指导机构，但其中多数是挂靠在学工部等部门或者和招生处合并办公，很难起到领导全校就业指导工作的作用。同时，就业指导机构的工作重心在毕业生的就业指导上，校、院级就业工作领导小组的工作也多针对毕业生展开，但是对全体学生的职业生涯教育的关注有待提高。一方面需要高校转变观念，树立职业生涯教育与就业服务并重的理念；另一方面需要高校加强对就业指导工作的重视，加大投入，保证就业指导机构的独立化、专门化、功能化。

二、就业指导课程体系的构建

就业指导课程已成为高校开展大学生就业指导的主要手段之一。高校应当充分认识到就业指导课程在就业指导方面的作用，从课程的开发与研讨、课程内容的丰富与完善、授课师资的培训与管理、课程与其他指导方式相结合等方面入手，构建全方位、立体化的就业指导课程体系。

（一）课程的开发与研讨

高校就业指导课程紧紧围绕学生的需要，立足本校特色制定教学计划和大纲、编写教材，并组织授课教师集体备课，进行教学交流。同时，要对教学效果进行检查，收集反馈意见。此外，有能力的学校还可以开展专题研究与课题申报，使课程建设逐步走向科学化、规范化、制度化。

（二）就业指导课程内容的丰富与完善

一方面，高校应该改变过去就业指导课程只提供零散的政策分析、技巧介绍的局面，转变为系统的就业指导理论的传授，使学生通过系统的学习后，掌握职业生涯规划的理论与方法；另一方面，就业指导课程还应根据不同年龄、不同专业学生的情况，进行有针对性的扩充，尽量满足不同学生的个性化需求，完善就业指导课程的内容。

（三）选拔优秀的就业指导教师

学校应当构建专业背景和学历结构合理的专业化师资队伍，加强教师的培养和培训工作，鼓励教师积极开展教学研究，鼓励团队教学。同时，可以聘请企业、社会及其他高校专家来校进行指导，开展各种形式的教学活动，促进学术交流，不断提高教学效果。

（四）开展多种形式的就业实习实践活动

就业指导课程要与就业实习实践活动相结合，才能发挥更大的作用。就业实习实践活动的开展，一方面是对就业指导课程效果的验证，通过实习实践活动，学生可以把在就业指导课上学到的东西应用到实际工作中，以检验就业指导课。另一方面实习实践可以更好地丰富就业指导课的内容，使就业指导理论建立在实践的基础上，促进就业指导理论的发展。

三、就业指导队伍体系的构建

（一）加强高校毕业生就业指导体系队伍建设

目前，高校大学生就业指导队伍的构成主要有三类，第一类是就业指导职能部门的专职工作人员，第二类是各院系负责就业工作的领导，第三类是各院系辅导员。除此之外，各行政部门涉及就业工作的人员也对学生提供指导。提高就业指导队伍的专业化程度应该先加大投入，增加第一类人员的数量。就业指导内容非常广泛，除了必要的就业指导课程讲授之外，还包括对学生提供心理咨询、职业测评等方面，这些工作都需要由专业专职人员来负责。同时，就业指导理论研究与就业信息收集和发布也需要大量专业人员。

（二）提高兼职人员的就业指导水平

提高就业指导队伍的专业化程度需要对从事就业指导工作的兼职人员进行定期培训，提高其就业指导水平。目前，从事就业指导工作的大部分人员是兼职人员，这些人当中既包括主要从事行政工作的院系领导，也包括从事学生工作的辅导员，还有一部分其他行政部门的工作人员。他们大多在从事学生工作的第一线，是就业指导队伍的重要组成部分，因此对他们进行定期的培训是非常必要的。

（三）聘请各行业的专家、学者加入就业指导队伍

提高就业指导队伍的专业化程度还包括聘请各行各业的专家、学者，尤其是企事业单位中有一定工作经验的专家。让他们加入就业指导队伍，可以优化就业指导队伍的结构，完善就业指导课程体系，为学生提供更加直接的、更有针对性的指导。

四、就业指导评价体系的构建

评价是一种价值判断的活动，是对客体满足主体需要程度的判断。教育评价是对教育活动满足社会与个体的需要程度做出判断的活动，是对教育活动现实的或潜在的价值做出判断，以期达到价值增值的过程。

教育评价根据其功能的不同可以分为目标导向型评价、决策服务型评价、过程改进型评价和价值判断型评价四种。根据评价的对象不同，教育评价还可以分为学生评价、课程评价、学校评价、大群体评价、特定方案与项目评价和人事评价等多种类型。高等教育评估就是教育评价的一种，具有导向、诊断、激励和服务等功能。同样地，就业指导是高等教育的一部分，就业指导评价也属于教育评价的范畴，就业指导评价对高校保障和提高就业指导工作的质量也同样具有重要作用。

（一）科学的评价方案是实现就业指导评价科学化的重要前提

就业指导评价方案的设计应遵循目的性、规范性、可行性的原则。目的性原则主要是指评价方案需体现评价的目的，并从各个方面努力保证评价目的的实现；规范性原则主要指评价方案要遵循大学生就业服务的基本规律和特点，科学地设定指标要素权重，正确反映指标之间的相互联系和关系，使评价结果在一定范围内具有可比性；可行性原则主要指评价方案应切实可行，要具有可操作性。

（二）系统的评价指标是实现就业指导评价科学化的必要条件

就业指导评价指标的设计要注意以下几个问题。一是处理好具体与抽象的关系。为了提高评价的可靠性，往往会将指标设计得较为具体，但是具体与抽象是相对的，指标越具体，评价的信度会越高，但是效度却可能越低。也就是说，具体的指标也许并不能反映我们想要评价事务的真实属性，如毕业生的就业率并不能完全反映高校就业工作的水平。二是处理好独立与相关的关系。一方面，评价指标的设计一般遵循相互独立原则，即不应该用两个指标反映同一被评价因素。这样的好处是减少冗余指标，提高评价的可行性。同时，重复指标会导致它的权重增大，影响评价的科学性。另一方面，多个相关指标对同一属性的测验要比单一指标的可靠性高。所以，在设计就业指导评价指标时要通过正确分配指标权重来实现某些相关指标的设置，以便在一定程度上提高评价的可靠性。三是处理好定性与定量的关系。就业指导工作具有一定的复杂性，过于重视数据有可能会忽视某些无法量化的内容，尤其是一些评价结果，它们很难用数字来说明问题。例如，对于毕业生对就业工作满意度的调查，单纯的数字只能反映学生的满意程度，却无法说明学生对就业工作不满意的方面。

（三）评价结果科学的分析与处理是实现就业指导评价科学化的保证

要使评价的作用得到充分发挥，对评价结果的分析与处理至关重要。应该通过综合判断与科学分析诊断客观估计评价质量，然后将建设性的意见反馈给学校就业指导部门或学校主管部门，这样才能够保证就业指导评价最终实现科学化。

第八章　大学生职业生涯规划与就业指导（以汽修专业为例）

第一节　汽修专业的大学生职业生涯规划与就业指导的特点及意义

一、汽修专业的大学生职业生涯规划与就业指导的特点

（一）体现主体性

职业生涯规划与就业指导是对自己前途的规划，同时能够为自己将来的就业起到一定的指导作用，因此要以自身的特点为规划出发点。作为职业生涯规划与就业指导主体的汽修专业学生，制定的职业生涯规划必须充分体现自己的气质、性格等个性倾向，以及兴趣、爱好等心理特征及个人的能力特长。既不要高估自己，也不要妄自菲薄，更不要人云亦云。要在明确自己的理想和志向，了解自己的特点、优势、兴趣和不足的前提下，对自己进行准确定位。

（二）突出专业性

汽修专业学生的职业生涯规划与普通高等学校学生的职业生涯规划最大的不同点就在于汽修专业学生已经初步确定了自己未来的职业发展方向，而且专业技能是汽修专业学生今后就业与发展的资本，因此汽修专业学生在制定职业生涯规划时要充分考虑到自己的专业优势。

只有立足专业，注重发挥专业优势，在择业时才更具有方向性和针对性，才能在就业市场中找准自己的位置，实现自己的职业理想。特别在当前汽修行业急速扩张的形势下，围绕自己所学专业规划自己的职业人生，有利于汽修专业学生在成功就业的基础上不断实现自己的人生价值。因此，汽修专业的大学生职业生涯规划必须将汽修行业对人才的需求作为自身职业生涯规划的重要参考因素。此外，有学者专门就汽修专业毕业生和普通高等学校毕业生的收入状况进行了实证研究，研究结果表明专业对口的汽修专业毕业生收入高于普通高等学校毕业生。因此，汽修专业学生的职业生涯规划必须突出自己的专业性。

（三）注重实践性

培养生产、服务、技术和管理第一线工作的高素质劳动者和初中级专门人才是高等职业教育的重任，而汽修专业培养的更是技能型人才。因此，汽修专业学生的职业生涯规划与就业指导要从汽修专业的技能学习和从业特点出发，突出实践性导向。根据汽修行业对从业者素质和能力的要求进行规划，要特别突出对动手能力和实际操作能力的培养，还要充分利用实习、实践环节，完成专业学习和职业要求的接轨。对汽修行业有较为深入的了解、拥有熟练的汽修技能会成为汽修专业学生参与就业市场竞争的重要筹码。

（四）立足发展性

职业对大学生而言既是谋生的手段，也是发展的基础。因此，汽修专业大学生的职业生涯规划与就业指导要站在人生发展的高度，规划职业人生的可持续发展，为就业做好全面的准备。对于汽修专业学生来讲，制定职业生涯规划以及学习就业技能的过程其实就是了解自己、认识职业与社会的过程，也是建立自信、树立理想和形成动力的过程，还是根据汽修行业对从业者的素质要求去调整和提高自我、适应岗位需要的过程，更是不断发展自己、实现人生价值的过程。因此，汽修专业的大学生的职业生涯规划与就业指导应与自身的发展、企业的发展、汽修行业的发展、社会的发展紧密结合，把自己的规划打造成为终身发展打好基础的规划。

二、汽修专业的大学生职业生涯规划与就业指导的意义

汽车涉及多个行业与系统，其制造过程也是国际化水平最高的领域之一。汽车行业的快速发展为其售后维修行业带来了发展契机，给汽修专业毕业生带来了大量的就业机会。目前，大部分的汽修专业学生在毕业后往往并没有进入

汽修行业，主要原因在于他们不能适应当代汽修行业的环境。正因如此，学校在对学生进行职业能力教育的同时，也要注意引导学生对自己的职业生涯有一个合理的规划。学生在规划时应该充分考虑自身的特点及能力，切合实际做出自己的职业生涯规划，用乐观的心态来面对未来可能遇到的各种困难。同时，学生应根据自己制定的职业生涯规划有针对性地学习知识并培养自己的能力。学校要对汽修专业学生的职业规划情况进行调研，分析存在的问题，帮助他们根据自身特点进行修正，这样有助于他们充分认知自我，确保职业教育工作顺利进行。

（一）有利于汽修专业大学生成功就业和实现人生价值

就业是民生之本。有数据统计表明，国内汽车专业人才的需求存在所谓的“技工荒”，但是随着高等教育的扩招以及学历社会的显现，人才“高消费”的情况已经出现，加之农村富余劳动力涌入城市务工，使得人才“低消费”的情况同时出现。这样的形势使得汽修专业大学生的就业前景不容乐观。

想要在激烈的就业市场竞争中胜出，科学、合理的职业生涯规划至关重要。通过制定职业生涯规划，汽修专业学生不仅能够看到自己职业生涯的大好前景，而且能够发现自身的优势，从而正视自我。通过职业生涯发展措施的落实，让汽修专业学生品尝成功的喜悦，从而以成功者的心态开启自己的职业生涯。可见，汽修专业学生结合自身特点和专业要求进行职业生涯规划，对于成功就业并在职业发展的基础上实现自己的人生价值有着非同寻常的意义。

（二）有利于职业学校教育工作的有效开展

职业教育担负着为社会经济发展培养高素质劳动者和技能型人才的重任。社会对从业者素质的要求与当前职业学校的生源状况存在着巨大差异。以职业生涯规划与就业指导为载体实施职业教育，是职业学校教育工作有效开展的重要途径，有利于职业学校教育工作的有效开展。学校要帮助学生认识专业、了解职业、明确自我，引导学生结合所学专业进行职业生涯规划，增强学生学习的目的性，变学生的被动学习为主动参与，从而提高职业学校各项教育工作的实效性。

（三）有利于推动社会经济和汽修行业的发展

职业教育与经济、就业有着天然的、内在的联系。职业教育在世界各国工业化过程中成为许多工业强国崛起的“秘密武器”。我国目前处于工业化中期，走新型工业化道路、转移农村劳动力、扩大就业和进行新型可持续发展都迫切需要职业教育培养更多的高素质劳动者和高技能人才。因此，职业教育的任务是为我国社会主义现代化建设培养数以亿计的高素质劳动者和中初级专门人才。职业大学生与普通高等学校大学生最大的不同在于其具有明确的谋职心理，也就是说职业大学生经过三年职业学校的学习就将进入社会，参与国家和社会的建设。

随着职业教育的蓬勃发展，进入职业学校学习的学生人数日益增多，使职业学校承载着培养技能型人才的艰巨任务。这些毕业生毕业后走向中国社会的生产、服务第一线，是“中国制造”的主要力量，也是体现“中国元素”的重要群体。因此，职业大学生素质的高低，将直接影响中国社会经济的发展速度。汽车产业目前已成为我国重要的支柱产业，其飞速发展带动了以汽车销售、维修、配件为主的汽车服务市场规模的急剧扩张，从而为汽修行业的发展带来了机遇。目前，接受过职业教育的劳动力是汽修企业中的从业主体。显然，汽修专业学生职业素养的高低对汽修企业乃至整个汽修行业的发展有着非常重要的影响。成功的职业生涯规划与就业指导是汽修专业学生在了解社会经济发展现状和汽修行业对从业者素质要求的基础上，结合自身实际所做的合理的职业生涯规划。在这样的职业生涯规划指引下，汽修专业大学生能够目标明确、合理清晰地发展自己，真正实现教育与岗位“零接口”。同时，还能在自身职业生涯发展的基础上促进汽修企业的发展，带动汽修行业的发展，从而为社会经济的发展起到积极的推动作用。

第二节　汽修专业的大学生职业生涯规划与就业指导的问题及原因

一、汽修专业的大学生职业生涯规划与就业指导的问题

（一）专业选择带有一定的盲目性

职业大学生与普通高等学校大学生职业生涯规划的最大不同点就在于职业大学生的专业已经初步定向。也就是说，普通高等教育积累的是通用性人力资本，而职业教育积累的是专业性人力资本。人力资本是体现在人身上，通过人的知识和技能表现出来的资本。因此，专业应当是职业教育大学生选择职业的基础，学术选择的专业应适合自身的个性特征和社会经济发展，这样才能实现

专业与职业的有效对接，推动自身职业生涯的发展，否则就会造成社会资源的浪费。然而，汽修专业学生的专业选择带有一定的盲目性，尽管兴趣是学生专业学习的重要内驱力，但是如果单凭自己喜欢，而不深入了解和考察所学专业，不考虑自己是否适合学习该专业，那么势必难以制定符合自身发展的职业生涯规划。

（二）对汽修行业的认知有待提高

汽修专业学生想从事汽修行业的工作，就应该对汽修行业的发展状况有一定的了解，对于汽修行业相关的其他行业，如配件制造行业也要有一定的了解，同时清楚汽修行业对于专业人员的综合要求，这样才能制定出合理的职业生涯规划。目前，汽修专业学生在这方面做得稍显不足，其侧重点主要在于课堂学习，只掌握了理论知识，较少与社会实际相结合，甚至有的教材有待更新，偏于理论，更不利于大学生对汽修行业的了解。

（三）自身认知有待提高

目前，大部分的汽修专业学生对于自身的认知还有待提高，不知道自身的定位是什么，也就导致不能做出正确的决定。大部分的大学生对于自身的优点比较清楚，如良好的人际关系、责任感、信守承诺、积极向上等，但对于自身的缺点的认识还有待提高。如果大学生不能准确认识到自己的优点与不足，就不能做出适合自己的职业生涯规划。

（四）职业生涯规划有待完善

职业生涯规划的主要内容就是要明确“做什么”“去哪里”“怎么做”这三大根本问题，明确了这三个问题，才能使职业生涯规划顺利开展。目前，在“做什么”这个问题上，部分汽修专业学生表示只愿意从事技术层面的工作，不愿意从事服务方面的工作。传统的汽修行业单纯指的是汽车维修工作，而目前与汽修专业相关的职业类型有很多，社会对于汽车售后服务方面的人才需求也越来越多。在“去哪里”这个问题上，部分大学生则认为无关紧要，没有认识到不同环境对于自身发展所带来的不同影响。在“怎么做”这个问题上，汽修专业学生大部分不重视体力劳动，不愿意从基层做起，对自己的职业发展规划还有待完善。

二、汽修专业的大学生职业生涯规划与就业指导问题的原因

（一）学生自身的原因

1.知识面有待拓宽，兴趣爱好较为单一

有部分汽修专业学生为了应付考试，在以往的学习中养成了对与“得分”无关的社会科学知识不予理会的习惯。因此，汽修专业的很多大学生不去主动了解社会对人才各方面的要求，对汽车产业、汽修行业发展涉及的知识面有待拓宽。而且，部分学生的兴趣爱好较为单一，喜欢利用网络进行娱乐活动。网络是学生开阔眼界、了解职业和社会的有利途径，如果仅仅把它作为一种娱乐和游戏的工具，就会对职业生涯的规划造成一定的消极影响。

2.构建合理的知识结构的能力有待提高

根据汽修专业学生的培养目标，其合理的知识结构应包括汽修专业所必需的基础学科和较广泛的人文社会学科知识、计算机应用基础知识、机械基础知识、读图和制图的基本知识、量具的使用、电工电子在本专业应用的基础知识，以及汽车构造、性能、使用、维护、修理、检测、钣金工艺、美容装饰、技术管理和交通安全等有关的理论知识；能力结构应包括分析和解决本专业的一般性技术问题（如汽车诊断、检测等）的专业能力和学习能力等通用性职业能力。然而，部分汽修专业学生在以往的学习中未能养成良好的学习习惯，特别是数学、英语等基础学科知识较为欠缺，一定程度上影响了他们构建合理的知识结构。

3.对企业需求的了解有待增强

部分汽修专业学生不主动了解汽修行业对从业人员素质与能力的要求，也不了解自己的毕业去向及发展问题以及汽修企业的发展现状与发展前景，这不利于自身的发展，应从多方面了解企业需求，从根本上做好职业生涯规划。

（二）学校方面的原因

学校是汽修专业学生学习和生活的主要场所，在学生的职业生涯规划与就业指导中发挥着重要作用，解决学校存在的问题，有利于汽修专业学生做出适合自己的职业规划。

1.对学生的职业生涯规划与就业指导教育的重视程度有待提高

高校的扩招以及世俗对职业教育的偏见，使得职业学校的发展陷入十分困

难的境地。因此，职业学校把生源问题作为学校的中心工作，整个学校自上而下的工作都是围绕“招进来，送出去”开展。对学生的培养主要从专业技能着手，而对学生终身发展、注重激发学生潜能的职业生涯规划与就业指导教育的重视程度还有待提高。具体表现在大多数学校的就业指导处仅仅承担为学生提供就业信息、组织学生参加面试等工作，而真正意义上的职业生涯规划指导有待完善。

2. 组织机构与管理制度有待健全

现在大多数职业学校的职业指导工作主要由就业指导处和辅导员具体负责，很多时候不能照顾到每一位学生，对学生进行的职业指导较为有限，组织机构及管理制度有待完善。

3. 没能充分发挥沟通汽修企业和汽修专业大学生的桥梁作用

学校是沟通汽修专业学生和汽修企业的桥梁。通过学校发布的信息，学生可以了解汽修行业的发展现状，汽修企业对从业人员的要求，各个汽修企业不同的经营、发展、管理理念等情况。信息了解得越多，汽修专业学生根据自身和企业的需求所制定的职业生涯规划就越合理。然而，部分学校对汽修企业的企业文化、管理理念、人才要求等宣传较少，因此学生对汽修企业的了解更多的是到实习时才知道。这样既不利于学生提前进行职业生涯的定位，明确发展方向，也不利于汽修专业学生成功就业。而从汽修企业的角度来看，如果学校及时与企业进行沟通，让企业及早了解学生的具体情况，既能减少企业择员的盲目性，做到知人善任，也能让企业及早把对学生的培训和教育纳入企业员工的培训中，从而减少不必要的开支。

（三）家庭方面的原因

1. 家长观念的影响

家庭是学生成长与生活的重要场所，家长的观点、态度和看法，在很大程度上会影响学生的意识和选择。部分汽修专业学生的家长对自己孩子职业生涯规划教育的认知有待提高，一定程度上阻碍了学生对自己专业的认知。

2. 家庭教育有待完善

家庭教育是未成年人教育的重要组成部分，家长也是孩子的终身教师。家长缺乏相应的教育观念和手段，不了解与汽修企业相关的信息，就不能有效地对孩子进行职业生涯规划指导教育。因此，家长要多了解与汽修有关的专业知识，提高对专业教育的认知，这样也能在未来学生择业时提供一定的帮助。

（四）社会方面的原因

社会性是人的根本属性，没有任何人能脱离社会的影响。作为大学生生活的大环境，社会对汽修专业学生职业生涯规划的影响有以下两个方面。

1. 正面的社会舆论的宣传和导向作用有待提高

“学而优则仕”的观点在中国人的脑海里根深蒂固，整个社会的舆论和宣传导向仍然崇尚的是“精英教育”，而作为“中国制造”承载体的数以千万计的职业学生有时候容易为人们所忽视。因此，社会要积极传播正面的职业教育舆论，这对于接受职业教育的大学生来说具有一定的积极意义。

2. 社会中急功近利思想的影响有待消除

急功近利的思想给生活在社会这个大环境中的汽修专业学生带来了非常大的影响，部分学生不满汽修专业学习周期长、工作环境和收入条件差，希望通过短期的劳动获得丰厚的收入或是职位的晋升。但任何成就的取得都不是一蹴而就的，要消除浮躁的心态和急功近利的思想，脚踏实地，从基础做起，不断增长自己的见识，提高自己的能力。

第三节　汽修专业的大学生职业生涯规划教育与就业指导的路径

一、针对学生的教育路径

（一）以成功教育为契机，加强学生自我认知的教育

正确的自我认知是进行合理的职业生涯规划的前提条件，只有充分了解自己的长处，明确自己的短处，制定的职业生涯规划才最为可行。因此，加强对汽修专业大学生自我认知的教育非常重要，也就是说，让学生有正确的自我认知必须以成功教育为契机。

成功教育是挖掘学生潜能的教育，是主张人人都能成功、强调“三百六十行，行行出状元”的教育，是注重学生自我教育能力提高的教育，是为每个学生创造成功机会的教育，是以表扬、鼓励为主的教育。成功教育的最大特点就

是突破了传统教育中“智育第一”的局限，其理论基础是多元智能理论。美国教育学、心理学教授霍华德·加德纳首次提出了“智能”的概念，并确认了符合“智能”的八个判据，开创了“多元智能理论”。该理论的贡献在于其指出了人的智能并不等同于标准化测试中所得到的成绩，而是在特定的文化背景或社会生活中解决问题或创造产品的能力。人与人的差别，不仅仅在于智商高低、聪明与否，更多的在于智能类型的差别。教育者要充分运用这一重要的理论依据，让汽修专业大学生明白职业的发展和事业的成功需要多种智能共同作用，而且传统教育所强调的言语——语言智能只是影响他们所学的汽修专业及将来要从事的汽修行业的一种能力，并不是成功的决定因素。要激励汽修专业学生树立自信心，正确看待自己，从全面发展的角度制定符合自身实际的职业生涯规划。

同时，教师还要教会学生运用科学的手段和正确的方法，如专业的心理测试、医学诊断、职业生涯咨询等，测试自己的职业兴趣、职业性格、职业能力，挖掘自己的优势智能，同时客观、正确地看待别人对自己的评价，引导学生在正确的自我认知的前提下，选择最适合自己的岗位目标，并制定具体的措施。

（二）以实践锻炼为载体，加强学生职业认知教育

教育与实践脱节是当下职业教育存在的非常严重的问题，也是造成汽修专业学生职业生涯规划脱离现实的一个重要原因。如果学生搜集和掌握的信息不足，在制定职业生涯规划的时候就只能凭主观想象来进行，从而在进行职业定位的时候理想化色彩较浓。只有当学生对今后将要从事职业的具体情况有了更为具体和理性的认识，其所制定的职业生涯规划才能符合社会发展和汽修行业发展的需求，才能将自己的职业生涯规划成功地付诸实施，而不是闭门造车或纸上谈兵。而解决这一切的关键就是实践。

所谓“实践出真知”，就是在实践中不仅能锻炼学生多方面的能力，而且能让学生认清当今社会严峻的就业形势，了解社会经济的发展现状，明确汽修行业发展的趋势，获悉汽修企业对从业人员素质的具体要求，明确汽修企业中不同岗位的差异，并根据自己的实际情况确定自己的努力方向和应对措施。

汽修专业学生实践锻炼的途径很多，既有校内的，也有校外的，既有学校统一组织的，也有学生自发参加的。现分类介绍。

1.模拟实践

模拟实践也就是我们通常所说的实训或实习。这种实践是在教师的指导下

模拟汽修企业里具体工作岗位的工作场景、环节和要求，进行职业训练。虽然是模拟实践，但这种方式非常重要，可以帮助学生加深对汽修专业的认识，培养学生的汽修技能和相应的职业道德品质。而且，模拟的真实感越强，学生的职业认知度也就越高。

2. 课余实践

课余实践主要是学生利用课余时间或者寒、暑假进行各种各样的社会实践活动，包括社会调查、社会服务、青年志愿者活动或者到汽修企业。这一类型的实践活动不仅让汽修专业大学生各方面的能力得到了锻炼和培养，还让他们尽早了解社会、了解职业，有利于提高其对企业和社会的适应力。

3. 专业实习

专业实习指由学校统一组织学生到各种类型的汽修企业的具体工作岗位上进行实际工作的锻炼。这种形式的社会实践能让学生运用在学校所学的知识和技能，进入工作角色，进行实际体验，最终实现由学生到职场人的转变。

（三）以学科教学为基础，加强职业生涯规划的意识培养和方法教育

职业学校学生社会阅历不够广泛，解决问题的办法也很缺乏，因此需要逐步培养他们对于职业生涯规划的意识，让他们掌握具体的方法。从职业学校的现实情况来看，课堂教学仍然是向学生传授知识和技能的主要途径，职业生涯规划与就业指导方法的习得也不例外。因此，要想加强对汽修专业大学生职业生涯规划与就业指导的意识培养和方法教育，就必须充分发挥职业生涯规划课的重要作用。

根据《职业生涯规范》课程教学大纲，职业生涯规划教学的总体目标是使学生掌握职业生涯规划的基础知识和常用方法，树立正确的职业理想和职业观、择业观、创业观以及成才观，形成职业生涯规划的能力，增强提高素质和职业能力的自觉性，做好适应社会、融入社会和就业、创业的准备。因此，在职业生涯规划课程的教学活动中，教师要善于运用案例教学、角色模拟、情境演练、小组讨论、主题辩论、任务驱动等多种教学方法，调动学生学习的积极性，让学生主动参与并掌握职业生涯规划的具体方法、求职就业信息获取的途径和方法、自荐书及个人简历的制作、面试应聘的技巧等。要充分发挥学生的主体作用，让他们在活动中得到体验和感悟，既能掌握知识，又能培养能力。同时，还可以采用“请进来”和“走出去”的教学方式，把汽修行业的专家、汽修企业的领导、汽修专业优秀毕业生、职业辅导专家等请进学校为学生做报告或演

讲；或者组织学生参观各种类型的汽修企业，观摩汽修工人的实际操作，到汽修企业进行实践等，让学生获得更为直观的感受，并以此指导自己的学习。

（四）以常规教育为主线，加强学生综合职业能力的培养

职业生涯规划的教育不是空中楼阁，它与日常的教学工作紧密联系，相互促进。仅仅教给学生职业生涯规划的具体方法，而缺少可供学生在进行职业生涯规划时使用的“筹码”的职业生涯规划只能是镜中月、水中花，而能让汽修专业大学生职业生涯规划得以实现的重要“筹码”，就是学生的综合职业能力。

综合职业能力是劳动者职业素质在能力上的集中和综合的表现，它是在职业实践的基础上，劳动者个人多种能力组合而形成的一种职业能力，一般由专业能力、方法能力、实践能力和社会能力组成。实践证明，综合职业能力和劳动者的竞争能力是一种正相关的关系。因此，学校在日常教育教学实践中要抓住各种机会，采取多种方法培养学生的综合职业能力。

在学科教学中，教育者不能仅仅局限于对知识的传授，而是要善于运用灵活多样的教学方法培养汽修专业大学生的综合职业能力。在专业课教学中要突出对学生实际工作能力的培养，使其一上岗就能尽快胜任现代汽车维修工作，改变过去那种“以学科为本位”进行课程教学的做法，以实践技能培养为主线，围绕汽车维修技能考核的标准和汽修企业岗位的要求，适当删减专业理论部分的一些不实用的知识点，以实用、会用、够用为原则，加强学生对现代汽车电子控制新技术的学习。

在日常管理中，班主任除了强化纪律教育，还要利用各种教育手段培养学生的综合职业能力。无论是班级日常管理制度的制定和执行、班级日常管理工作的开展，还是学生各项社会活动的策划和组织等，都要充分发挥学生的自主管理意识，让学生在积极主动参与的同时得到多方面能力的培养，从而提高综合职业能力。

（五）以生存教育为基点，加强学生责任意识培养

我国职业教育先驱黄炎培先生曾指出，职业教育的目的是“使无业者有业，使有业者乐业”。由此可见，对汽修专业大学生的职业生涯规划教育从某种意义上说也就是对其进行生存教育。学校在教会学生职业生涯规划方法的同时，教给学生的不仅仅是谋划生存的能力，更重要的是让学生树立起科学的生存价值观，以一种负责任的态度来对待自己、对待职业、对待人生。

职业是一种谋生的手段，是解决生计的重要方式。解决了生存问题，才谈

得上发展。而要提高自己的生存质量，就必须以高度的责任感来对待自己的工作，且汽修行业对从业者的责任意识要求较高，因此以生存教育为基点加强学生的责任意识培养非常重要。

对汽修专业学生的责任意识教育，除了利用德育课、班会课、团队活动时间进行正面教育外，还可以采取角色体验、团体训练、榜样示范、自我完善等多种教育方法，充分挖掘汽修企业、社会及家庭等教育资源，组织各种教育活动，三方共同对学生进行责任意识的教育，让学生逐步形成对自己、对家庭、对职业、对企业、对社会负责任的意识。

（六）以职业价值取向教育为核心，加强对学生的创业教育

职业价值取向是人们谋求职业的社会行为目的，它决定着人的就业方向，影响人们在职业活动中的行为，是人们在从业过程中的驱动力。职业价值取向大致分为成就感、美感、收入与财富、欢乐、权力等十几种，不同的人其职业价值取向不同，而且绝大多数人的职业价值取向是综合性的。教育者要通过激发学生的成就感，对学生进行创业教育。

创业教育是指以开发和提高大学生的创业基本素质培养具有开创型人才的教育，故实施创业教育对汽修专业在校生来说可以增强其离校后的社会适应性，让他们无论选择就业还是创业都有充分的心理准备和必要的能力，同时对社会的稳定性也起到积极作用。对汽修专业学生进行创业教育，首先要让学生明确创业是提高个人综合素质的重要途径，即创业能促进职业生涯规划目标的实现，有利于社会的发展；其次要着重培养和提高学生作为创业者应当具备的素质和能力。第一，要培养学生的创业意识。创业意识是创业成功的前提，学生如果有强烈的创业意识就能激励自己克服创业过程中的种种困难。创业意识主要包括创业动机、风险意识、责任观念。除此之外，还要有吃苦耐劳、不怕挫折和敢于尝试的精神。第二，要提高学生的综合素质。汽修行业创业者要掌握汽修专业技术知识、经济法知识、经营管理知识，具备创新思维，要善于学习，不断开阔眼界、提高悟性。第三，要培养学生具备多方面的应用能力，如学习能力、实践能力、管理能力、协作能力和服务能力。让学生明确在校期间应做好的准备，组织学生搜集身边创业者的案例，讨论提高自身创业能力的途径和方法；也可以让学生利用实训、实习的机会观察学习汽修企业的经营管理之道，指导学生结合自己所学的汽修专业开发、构思项目，寻找创业方向；还可以让学生在校内模拟创业，如建立洗车房、车胎充气站等。

二、针对学校的整改措施

（一）在观念上转变，在思想上重视

生源（入口）和就业（出口）是关系到职业学校发展的两个重要关口，因此招生和就业工作历来受到职业学校各级领导的高度重视。然而，作为连接“入口”和“出口”的重要主线——大学生职业生涯规划教育却往往被忽视。实践证明，汽修专业大学生只有根据自身特点和专业要求，结合社会经济发展和汽修行业发展的实际情况，制定合理的职业生涯规划，并按照规划的具体步骤实施，才能成功就业，从而在职业发展的过程中实现人生价值。汽修专业大学生成功的事实，能改变人们对职业教育的传统看法，让更多的优质生源选择就读职业学校，从而推动职业学校的良性发展。因此，转变观念，特别是转变学校决策层的观念，在思想上充分重视汽修专业学生的职业生涯规划教育工作对实现职业学校的可持续发展至关重要。

教师对学生职业生涯规划教育的重视在实践中体现为主动将实现学生的可持续发展作为自己的教育理念，并将教育教学实践始终围绕学生的职业生涯规划进行，关心和指导学生的职业生涯规划。

学校领导对学生职业生涯规划教育的重视主要体现为在人力、物力和经费等方面给予充分的支持。具体来说有以下几点。

1. 人员的培训

对教师进行全员培训，让所有教职员工形成以促进学生的职业生涯发展为己任的教育理念，主动将对学生的职业生涯规划教育纳入自己的教学和管理工作中；加强对从事职业生涯规划教学工作者的专业化培训；组织就业指导部门相关人员和班主任就汽修专业的发展前景、汽修企业的具体状况、学生职业生涯规划的方法和技巧等内容开展经常性的培训。

2. 物资的配备

建立专门的职业辅导和咨询室；购买进行职业生涯规划教育相关的教具、专业测试量表及计算机软件等；建设校内仿真实习车间和校外实习基地、实践基地等。

3. 经费的支持

经费的支持主要包括以上各项目开展所需的经费投入。此外，还可以设立职业生涯规划比赛专项奖励基金、学生创业资助基金等。

（二）建立健全职业生涯规划教育的组织机构

按照现代管理学的观点，实现现代管理的组织职能，要求具有一定的组织结构形式。通过这些相对稳定的组织结构，将各部分、各层次以及领导和从属的关系固定下来，使上下级能够更好地沟通并开展活动。要想充分发挥学校对大学生职业生涯规划的教育功能，就必须设置健全的组织机构来保证教育措施的落实，统筹协调各种教育资源，为学生的职业生涯规划教育服务。

具体来说，就是由教学负责人牵头组织，就业指导处的相关人员根据对汽修企业调研的结果，分析汽修行业人才供需变化及汽修企业对人才素质的要求，供教学管理部门和实施部门有针对性地制定学校职业生涯规划教育的工作方案与教学内容；职业生涯规划课程教师负责专职开展有关职业生涯规划知识和技能的教学活动；班主任利用各种教育途径和方式加强学生职业生涯规划意识的教育，并负责引导学生进行具体的职业生涯规划；各科任教师在教学或辅导活动中对学生渗透职业生涯规划理念。其中，学校就业指导处需要经常性地向学生介绍汽修行业的发展态势以及汽修企业对从业者的需求情况，同时在实习推荐阶段配合学校的整体生涯规划工作方案培养学生的求职择业技巧、工作适应能力；教务处负责对教育过程进行管理，对教育效果进行评估，并提出下一步的整改措施，不断摸索成熟的职业生涯规划教育方法。

（三）整合学校课程教育模式

对于职业学校来说，要将大学生的职业生涯规划教育落到实处，最重要的一点就是围绕学生职业发展的需要，不断变革学校课程教育模式，将以学科本位转变为以能力本位，以培养学生的职业能力为导向，调整课程结构，实施集群式模块课程，即“宽基础，活模块”课程模式。所谓“宽基础”，是指专业课程的科目、教学内容（知识、技能、态度）与教学年限要为学生学好专业、适应职业岗位的需要以及继续学习打下深厚的基础；所谓“活模块”，则是指为适应市场多样性的需要和学生的兴趣、特长，在专业课程中设置若干供学生选择的模块课程，即针对某一特定工种或岗位所必备的知识和技能。

“宽基础，活模块”具体来讲就是将课程结构分成既有区别又相互联系的两个阶段。第一阶段，即“宽基础”阶段，学生学习的内容是所学专业对应的相关职业所必备的知识和技能。该阶段的功能在于使学生通过这一阶段的学习对自己的职业个性特征及自身的学习能力和状况有更为明确的认识，从而在这一阶段结束后能够根据自己的具体情况对下一阶段，即“活模块”阶段的模块加以选择。此外，该阶段的学习能增强学生毕业后在就业市场中的应变能力。第二阶段，即“活模块”阶段，该阶段所学内容是针对某一特定工种或岗位所必备的知识和技能，而且以技能的训练为主。该阶段的功能是学生在选定适合自己的模块后，进行针对性较强的职业技能训练，让专业与职业接口，以便学生顺利地进入工作岗位。

对于学校汽修专业来讲，在“宽基础”阶段设置的专业课和文化基础课要充分以大学生职业生涯规划服务的原则来进行，同时必须按照汽修专业相关职业群对劳动者能力的具体要求来设置，旨在提高大学生的综合职业能力，切忌贪多图全，要按照“够用”“文化课学习服务于专业需求”的原则来设置。在“活模块”阶段，则应在对汽修行业和汽修企业具体岗位要求进行充分调研的基础上，选择市场急需、企业渴求的职业技能岗位，针对这些岗位制定技能培训标准，并结合国家汽修技能考核标准和具体汽修企业的要求对学生进行培训，增强学生的专业技能素养，实现教育和岗位“零距离”，让学生在成功就业的基础上，实现职业和人生的良好发展。

（四）抓好师资队伍的专业化建设

教师是对汽修专业学生进行职业生涯规划教育的主体，因此提高师资队伍专业化水平是有效开展职业生涯规划教育的前提。从对大学生的职业生涯规划教育活动来看，与其关联度较高的教师包括职业生涯规划课教师、专业课教师、班主任和就业指导处人员，学校要加强对这四类教职员工的培训，提升他们的专业化程度。

1. 对职业生涯规划课程的专职教师进行职业生涯规划教育的培训

要对职业生涯规划课程的专职教师进行职业生涯规划教育的培训，使其掌握职业生涯规划的相关理论和具体方法；经常组织专职教师到汽修企业参观学习，在对学生和汽修企业充分调研的基础上，开展课题研究；组织专职教师与大学生职业指导资深人士交流，提高他们职业生涯规划的教育水平及个案辅导的能力。作为职业生涯规划课程的专职教师，必须深入了解学生所学汽修专业及其相关职业群，了解汽修行业的发展现状和企业对从业者的素质要求，了解汽修专业的教学计划和安排，了解汽修专业从业和晋升所需的职业资格证书，了解近几年汽修专业毕业生的就业形势和实际去向等信息。

2. 加强对汽修专业课教师的培训

专业课教师水平的高低直接影响学生的专业知识和技能水平，因此培养和造就一支教学经验丰富、理论研究水平与实践能力并重的“双师型”教师队伍是职业学校的重要责任。学校除通过资料学习、专题报告会等方式对汽修专业教师进行有关职业生涯规划教育的培训，还要定期委派专业教师到汽修企业进行实践和锻炼，重点提高教师的专业素质和实践环节的教学能力。只有这样，教师才能够把企业的生产情况与所教专业知识结合起来，将企业最新的生产工艺、技术成果应用到教学中，从而实现学生与企业的零距离对接。

3. 对班主任和就业指导处工作人员进行培训

可以通过发放学习资料、到汽修企业现场观摩学习、邀请汽修行业专家或职业生涯规划指导专家举办专题讲座等方法，让班主任和就业指导处工作人员学习职业生涯规划观念、方法和技巧，帮助他们有针对性地制订职业生涯教育管理方案，指导学生具体的职业生涯规划，推动教育活动的有效开展。

（五）班主任应成为大学生职业生涯规划的引领者

班主任能够担当指导汽修专业学生职业生涯规划的重任，是因为其是班级教育的主体，是负责组织、教育、管理班级学生，引导、帮助、促进班级学生全面发展的主要负责人。与其他任课教师相比，班主任与学生的关系更为密切，对学生的影响更大。与此同时，职业学校的班主任最突出的一点职责就是对学生未来的职业生涯规划进行指导，培养学生良好的职业道德和品质，使学生能够更好地面对未来的生活。此外，班主任与学生家长、任课教师有着广泛的联系，与学生有着经常性的交流，因此对学生的兴趣、性格、能力等个性特征、行为习惯、学业情况和家庭状况等都有较为深入的了解。因此，他们对于学生的职业生涯规划的指导更具有针对性和可行性。所以，在对大学生进行职业生涯规划的指导工作中，班主任要起到重要的引导作用。

为了做好汽修专业学生职业生涯规划教育工作，班主任要先加强职业生涯规划教育相关理论和方法的学习，主动关心和了解汽修行业发展的现状，明确汽修企业对从业者素质的具体要求，认真细致地调查了解学生的实际状况，有针对性地对学生的职业生涯规划进行引导。具体来说可以从以下五个方面入手。

第一，班主任可以有意识地运用多元智能理论，帮助学生重树自信心，培养职业生涯规划意识。

第二，班主任应积极配合职业生涯规划课任课教师，引导学生确立符合自身实际的职业生涯发展目标和切实可行的发展措施，为班级每一名学生建立职业生涯规划档案，并督促学生实施和调整。

第三，班主任应积极配合汽修专业课和文化基础课教师，激发学生学习汽修专业课和文化基础课的积极性，以提高学生的综合职业能力。

第四，班主任应利用班级的日常管理工作、班级文化、班级活动及自身的引导示范，加强对学生的职业道德、纪律意识、责任意识、心理健康教育，将对学生的职业生涯规划教育落到实处。

第五，班主任还应积极配合学校就业指导部门，对学生进行就业指导工作。

（六）建立汽修专业大学生职业生涯发展跟踪体系

建立汽修专业学生职业生涯发展跟踪体系不仅是对大学生实施职业生涯规划教育的重要途径，也能充分检验职业生涯规划教育的成效。从经济学的角度来看，学生就是一种特殊的产品，学校不仅要负责这种产品的“生产质量”，还要对产品的售后进行跟踪服务。这样既能够充分发挥学校作为学生和企业之间的桥梁的作用，又能及时反馈大学生在职业生涯发展过程中出现的问题，让教育者协助学生及时调整职业生涯规划，并帮助他们解决工作中遇到的各种问题，真正将对学生可持续发展教育的理念落到实处。同时，这还有利于职业教育工作者从每一个具体的案例中总结成功和失败的经验教训，找到对汽修专业大学生职业生涯规划教育最有效的方法和路径，以便更好地、有针对性地对学生进行教育。此外，将毕业生职业成功的信息及时反馈给在校生，也能极大地激励在校生的学习，调动在校生职业生涯规划的积极性。因此，建立一个贯通校内外的汽修专业学生职业生涯发展跟踪体系，无论对大学生职业生涯的发展，还是对学校职业生涯规划教育的有效开展都是非常有必要的。

要想建立汽修专业学生职业生涯发展跟踪体系，学校就业指导部门的作用非常重要。首先，自学生一进入校门，就业指导部门就要与学生管理部门联合采用多种形式，通过各种途径加强对学生所学汽修专业的介绍，让学生充分了解汽修专业的发展前景、汽修行业的发展现状、汽修专业对应的职业群和具体工作岗位的要求、目前毕业生的就业和发展情况、汽修企业的现状等信息。特别是对于与学校合作的企业对员工的要求和待遇、企业的发展情况、企业文化和经营理念等都要充分进行介绍，要让学生在得到足够信息的基础上形成较为清晰的职业生涯发展目标。其次，配合班主任为每一名学生建立职业生涯规划档案，指导职业生涯规划课程教师的教学工作，督促职业生涯规划教师指导每一名学生撰写职业生涯规划。再次，将分析和研究学生职业生涯规划的结果交给学生管理和教学管理部门，配合有关部门开展有针对性的教学工作，同时指导班主任督促学生按照职业生涯规划的措施具体实施。最后，根据学生的职业生涯规划进行有针对性的推荐工作，让学生到汽修企业实习。在学生实习期间，就业指导部门应委派汽修专业课教师、班主任及就业指导部门相关教师定期到学生实习的企业进行具体指导，解决学生在实习中遇到的困难和问题，做好学生与企业沟通的桥梁，将学生实习的具体情况及时反馈回校并记入学生的职业生涯发展档案。建立汽修专业的学生职业生涯发展跟踪体系，不仅能够指导学生将职业生涯规划落到实处，还有利于形成良好的社会舆论，从而推动大学生的发展，在此基础上实现学校的良性发展。

三、针对家庭教育的指导

诚然，学校在对汽修专业学生职业生涯规划的教育中承担着重要责任，但作为孩子终生教师的家长在此过程中所起到的作用也非常重要。从目前学校汽修专业的建设现状来看，教学模式仍然采取的是班级授课制，每个班的学生人数也是五六十人。这样的班额和教育模式，使得教师的教育工作难以做到细致入微，而家庭教育则可以弥补学校教育的不足，毕竟父母与孩子在一起生活了十几年，对孩子个性特征的了解程度远甚于学校教师，家长的人生观、择业观和发展观对自己的孩子有着非常重要的影响力。因此，要积极推进对汽修专业大学生的职业生涯规划教育，学校与家长必须携手开展教育工作。

针对家庭教育的指导可以从以下两个方面进行。

（一）转变家长教育观念

观念决定行动，家长只有坚定学生能成才的信念，才能重视大学生职业生涯的发展。所以，在对家庭教育的指导中转变家长观念是尤为重要的。

从学校层面来看，可以在召开优秀毕业生成才报告会以及汽修行业专家、汽修企业领导和职业辅导专家的专题讲座时，邀请大学生的家长参加，让家长了解汽修行业的发展前景，懂得学生只有在学好专业的基础上才能够实现职业和人生的发展。

从教师层面来看，无论与学生家长的电话联系、家访，还是学生家长的校访、家长会，教师都要积极地向学生家长宣传成功教育，帮助家长树立正确的人生观、择业观和发展观，让家长重视学生的职业生涯规划。要经常与家长就学生的个性、学业情况、行为习惯等进行交流和沟通，让家长介入子女的大学生职业生涯规划中去，对学生的职业生涯规划进行指导和帮助。

（二）家庭教育方法的辅导

可以采取定期召开家长座谈会、个别访谈、发放学习资料等方式加强家长对教育方法的学习，让家长懂得这个年龄阶段学生的特点以及教育孩子的原则和技巧，从而结合自己孩子的特点，开展有针对性的职业生涯规划教育。

此外，可以组织家长进行经验交流，利用家长会的时间让在家庭教育中取得显著成效的家长与其他家长交流分享教育心得，让全体家长共同提高；还可以让从事汽修行业的家长向其他家长介绍汽修行业的情况，交流从业的体会，指导家长开展对自己孩子的职业生涯规划教育。

四、针对社会提出的期望

（一）形成有利于汽修专业学生发展的良好社会舆论

从社会经济发展的全局来看，人才的构成必须有层次和梯度。根据我国目前的产业结构和技术结构，与之相应的人才结构应当是底盘大、重心低的。在对相关汽修企业的调研中，我们了解到，虽然企业人才需求是多层次的，但汽修企业最需要的还是职业学校毕业生，社会的发展急切需要创设有利于职业大学生发展的良好社会舆论。

因此，要把尊重一切劳动、尊重一切劳动者作为全社会的文明风尚，要大力宣传职业教育的重要地位和作用，对于优秀技能人才和高素质劳动者的价值和社会贡献要给予充分的肯定，使人们形成新的教育观、择业观和成才观，把人们的视角从单一的注重学历的提升，转移到注重个人职业生涯发展上来，让职业生涯规划的意识深入人心。

（二）汽修企业参与汽修专业大学生职业生涯规划教育

汽修企业是汽修专业学生实现职业生涯规划的重要舞台。汽修企业参与大学生职业生涯规划教育，有利于学生充分了解汽修行业的发展现状、汽修企业对人才的具体要求，以及企业的工作环境、劳动强度、工作性质等具体情况，从而制定出更有针对性的职业生涯规划。站在学校教育的角度，汽修企业参与大学生职业生涯规划教育可以实现校企互动，增加学校的教育资源，解决办学经费，更重要的是可以使学校教学针对性更强，便于实施一体化教学，能最大限度地按照企业需求培养人才，避免盲目教学，能有效地推动汽修专业学生职业生涯规划教育的开展。

对汽修企业来讲，主动参与汽修专业学生职业生涯规划教育，将大学生的职业教育与企业员工的培训有机结合，不仅节约了企业对新员工的培训经费，为企业的发展储备了高素质的劳动力资源，而且能够及早了解员工的个人素质，真正实现专业与职业的对口，实现学校与企业的“零接口”。此外，客观上也对汽修企业在职员工的劳动积极性和个人素质的提升起到了刺激作用，即汽修企业参与大学生职业生涯规划教育可以实现企业、学校、学生三方共赢。

校企合作是汽修企业参与大学生职业生涯规划教育的重要途径。校企合作是指由企业直接介入学校的教育过程，通过资源共享、优势互补，实现共同培养实用型劳动者的一种办学模式。这种模式较好地适应了职业教育的实践性、应用性和技术操作性的基本特征，可以有效地解决学校教育资源不足和学生就业难等一系列问题。目前，我国职业教育中采用的校企合作模式主要有“订单式”培养、联合办学、前校后厂、产学互动等模式，其中“订单式”培养模式是校企合作中广泛采用的模式。“订单式”培养模式是指参与培训的职业学校和企业以协议等契约方式事先确定课程设置、培训流程、培训客体及岗位设置等内容，通过联合办学、资金合作、师资共享等方式执行所制定的契约，最终按照协议约定原则输送或录用培训人员就职于事先拟定岗位的动态过程。

（三）建立专业服务机构，提供职业生涯规划辅导

职业生涯是一个人一生职业发展的历程，职业生涯规划则是一个涉及面较广的、持续的、复杂的动态过程。职业生涯发展的目标与措施是在分析主、客观条件的基础上制定的，一旦主、客观条件发生了变化，职业生涯规划就要及时进行调整。对汽修专业学生来讲，在校期间有学校和家长的辅导，而进入社会也就是进入漫长的职业发展期以后，单凭他们自身所掌握的那点有限的职业生涯规划知识和方法，难以准确、科学、合理地对职业生涯规划目标和措施进行调整。因此，寻求专业的职业生涯规划咨询和辅导是非常必要的。在此背景下，政府应当充分发挥作用，引导和建立专业的职业生涯规划服务机构，让这些机构既承担培训各级各类院校职业生涯规划专职教师的重任，又对全社会的从业者提供其所需的职业生涯规划指导帮助。

参考文献

[1] 李金亮，杨芳，周欣. 大学生职业生涯规划[M]. 长沙：湖南教育出版社，2019.

[2] 时蓉华. 现代社会心理学[M]. 上海：华东师范大学出版社，2002.

[3] 林燕清，陈凯，翁娟钗. 大学生职业生涯规划（高等院校教材）[M]. 厦门：厦门大学出版社，2019.

[4] 朱爱胜. 大学生就业与创业导论[M]. 北京：高等教育出版社，2016.

[5] 高荣发，万茗，鱼小强. 大学生就业指导[M]. 西安：陕西人民出版社，2007.

[6] 江光荣，胡博.《青少年心理健康素质调查表》自我分量表的编制[J]. 心理与行为研究，2006（2）：95–100.

[7] 布茂勇，唐玉琴. 构建高校大学生职业生涯规划教育体系[J]. 山东省青年管理干部学院学报，2009（2）：51–54.

[8] 陈春一，高培军. 大学生思想政治教育与职业生涯规划的关联性[J]. 学校党建与思想教育，2010（8）：77–78.

[9] 何锁成. 河北省大学生就业心理危机问题调查及预防干预对策[J]. 河北经贸大学学报（综合版），2006（4）：88–90.

[10] 刘俏梅. 某高校毕业生心理健康调查[J]. 中国校医，2005（2）：177–178.

[11] 王祖惕，孙琳，麦萍，等. 江汉大学学生抑郁状况调查[J]. 中国学校卫生，2007（7）：608–609.

[12] 董文强，谭初春，杨志坚，等. 构建高等学校学生就业指导工作体系的思考[J]. 西北工业大学学报，2006（2）：81–83.

[13] 何元庆，姚本先. 构建高校大学生心理危机干预系统初探[J]. 教育与职业，2005（5）：55–57.

[14] 鲍健强，佐佐木节. 日本大学学生就业指导特点的研究[J]. 比较教育研究，2000（S1）：93–97.

[15] 王国辉. 日本大学从就业指导向职业生涯教育转型探析[J]. 教育科学，2009，25（6）：82–88.

[16] 李文英. 日本大学毕业生的就业援助体系[J]. 比较教育研究，2006（5）：66–69，81.

[17] 周红，夏义堃. 英国高校就业指导服务的发展启示[J]. 江苏高教，2006（5）：122–124.

[18] 吴志功，乔志宏. 美国大学生生涯发展与就业指导理论评述[J]. 比较教育研究，2004（6）：52–61.

[19] 聂微菁. 中美高校大学生就业指导的比较[J]. 交通高教研究，2003（5）：39–41.

[20] 王显芳. 美国大学生职业生涯规划服务质量研究[J]. 比较教育研究，2008（2）：56–60.

[21] 李凤. 中美高校就业指导工作比较探析[J]. 思想·理论·教育（上半月综合版），2006（22）：121–124，98.

[22] 宫千千. 新形势下职业生涯规划在大学生就业指导工作中的有效应用[J]. 湖北开放职业学院学报，2022，35（2）：46–47，52.

[23] 黄阿梅. “职业生涯规划与就业创业指导”课程助力高职院校学生就业的研究[J]. 就业与保障，2021（23）：103–105.

[24] 朱思泊. 基于职业生涯规划的大学生个性化就业指导[J]. 黑龙江人力资源和社会保障，2021（20）：151–153.

[25] 苏健. 大学生职业生涯规划与就业指导课程设计路径思考[J]. 江西电力职业技术学院学报，2021，34（11）：101–102.

[26] 顾盼盼，刘政，陈玲. 新时代辅导员指导大学生就业路径探析[J]. 现代商贸工业，2021，42（32）：75–76.

[27] 鲍敬敬，薛会来，赵利勇. 高校大学生就业外促内生动力机制研究[J]. 商业文化，2021（29）：136–137.

[28] 金银实，崔美琳. 就业指导教育对学生职业生涯规划发展的影响——评《大学生职业生涯规划与就业指导》[J]. 中国教育学刊，2021（9）：118.

[29] 景文秀，张雷. 论职业生涯规划在大学生就业指导工作中的作用[J]. 就业与保障，2021（15）：66–67.

[30] 季小燕. 职业生涯规划在大学生就业指导工作中的应用[J]. 现代交际，2021（15）：145–147.

[31] 杨晓红. 课程思政理念下大学生职业生涯规划与就业指导教育探析[J]. 就业与保障，2021（14）：141–142.

[32] 杨莉. 职业生涯规划在大学生就业指导工作中的作用[J]. 人才资源开发，2021（10）：57–58.

[33] 徐微. 职业生涯规划在大学生就业指导工作中的重要性探析[J]. 科技风，2021（13）：39–40.

[34] 冯宇楠. 高等院校大学生职业生涯选择与就业指导的实施策略研究[J]. 产业与科技论坛，2021，20（8）：267–268.

[35] 汪贞. 职业生涯规划在大学生就业指导工作中的应用研究[J]. 商展经济，2021（6）：97–99.

[36] 陈江龙. 职业生涯规划在大学生就业指导工作中的作用[J]. 就业与保障，2021（4）：48–49.

[37] 刘秀荣. 大学生职业生涯规划与创新创业能力提升探析[J]. 经济师，2021（2）：139–141.

[38] 刘立伟. 大学生职业生涯规划全程化教学的实践研究[J]. 华北理工大学学报（社会科学版），2020，20（5）：112–115.

[39] 赵天明. 浅析职业生涯规划在大学生就业指导工作中的作用[J]. 经济研究导刊，2020（21）：173–174.

[40] 任琪. 高校大学生就业指导体系建构研究[D]. 桂林：广西师范大学，2010.

[41] 常海彦. 大学生就业心理危机及干预研究[D]. 哈尔滨：黑龙江大学，2010.

[42] 徐楠楠，解涛，李莹，等. 大学生求职面试时的自我介绍技巧[J]. 人才资源开发，2020（9）：50–51.

[43] 钱黎，陆俊汕. 大学生求职技巧的训练与指导[J]. 智库时代，2019（45）：239，241.

[44] 卢小花. 新形势下大学生就业准备情况的分析与思考——以五邑大学计算机学院为例[J]. 科教导刊（上旬刊），2015（4）：143–145.

[45] 王麒凯，钱骅，黄梅英. 大学生就业准备特点及对策的研究[J]. 中国大学生就业，2014（22）：13–18.

[46] 马胜羽. 大学生职业生涯规划的困境与出路研究[D].哈尔滨：黑龙江科技大学，2013.

[47] 张继. 我国高校大学生职业生涯规划教育服务机制研究[D]. 成都：西南石油大学，2014.
[48] 王韦燃. 大学生就业心理问题干预研究[D]. 福州：福建师范大学，2010.
[49] 常海彦. 大学生就业心理危机及干预研究[D]. 哈尔滨：黑龙江大学，2010.
[50] 任琪. 高校大学生就业指导体系建构研究[D]. 桂林：广西师范大学，2010.